Cómo escribir un currículum vitae en inglés que tenga éxito

SPANISH BOOK

—

LIBRO EN ESPAÑOL

Cómo escribir un curriculum vitae en inglés que tenga éxito

How to write a successful job résumé in English

Marcia Seidletz

Printed on recyclable paper

VGM Career Horizons
a division of *NTC Publishing Group*
Lincolnwood, Illinois USA

Library of Congress Cataloging-in-Publication Data

Seidletz, Marcia.
   Cómo escribir un currículum vitae en inglés que tenga éxito = How
to write a successful job resume in English / Marcia Seidletz.
      p.   cm.
   Examples of resumes and cover letters in both Spanish and English.
   ISBN 0-8442-7294-9 (pbk.)
   1. Résumés (Employment)   2. Cover letters.
   HF5383.S45 1995
   808'.06665—dc20

                                                          95-526
                                                           CIP

Published by VGM Career Horizons, a division of NTC Publishing Group
4255 West Touhy Avenue
Lincolnwood (Chicago), Illinois 60646-1975, U.S.A.
© 1996 by NTC Publishing Group. All rights reserved.

6 7 8 9 ML 0 9 8 7 6 5 4 3 2

Índice

Introducción

El currículum vitae ofrece la primera oportunidad que tendrán los empleadores para conocerlo y que Ud. tendrá para causarles una impresión favorable. No importa que sea dotado de gran inteligencia y amabilidad, si no les remite un currículum vitae bien escrito, es posible que jamás le entrevisten ni le brinden la oportunidad de demostrar sus capacidades. Claro está, en muy pocos casos se ha contratado a un solicitante sólo por haber entregado un currículum vitae bien planeado, ordenado y redactado. Pero, por otro lado, un currículum vitae ordenado y bien escrito puede abrirle el camino a una entrevista de empleo. El propósito principal del currículum vitae es ayudarle a obtener esa entrevista. Lo demás depende de Ud. y de los empleadores. Si se considera que Ud. es la persona adecuada para el trabajo y si el trabajo es lo que Ud. busca, es probable que le contraten.

Con el paso de los años, los currículum vitae han cambiado mucho. Hoy en día, es preciso que un currículum vitae llame la atención del lector y que sea breve, conciso y fácil de leer. No hay administrador, gerente ni jefe que tenga la paciencia ni el tiempo para leer un currículum vitae largo. En una sola página se debe apuntar todos los datos y detalles necesarios. Si se requiere más, el currículum vitae nunca debe exceder dos páginas. El tiempo es algo sumamente valioso en el mundo actual del trabajo.

Sin embargo, no se puede suponer que la redacción de un currículum vitae se hace en unos cuantos minutos. Un currículum vitae que dé resultados requiere tiempo, esfuerzo y reflexión. Considérelo como un instrumento de mercadeo para promover un producto: Ud. mismo y sus capacidades. Es preciso que se presente a la compañía como el mejor empleado que ellos puedan contratar. Este libro se ha elaborado con el fin de ayudarle a preparar un currículum vitae que le sirva para superarse y lograr éxito en su búsqueda de empleo.

Hace falta comentar que en Estados Unidos, con su población multicultural y diversa, el inglés sigue siendo la base de la comunicación. En el capítulo 5, se proporcionan ejemplos de currículum vitae tanto en español como en inglés. Debido al clima actual del mundo de trabajo, es necesario que Ud. se esfuerce por aprender el idioma cuanto antes y que prepare un currículum vitae bien escrito en inglés. Solicite un servicio de traducción o de algún conocido de confianza que domine muy bien el idioma. Con el dinero que invierta en un traductor o con el tiempo que se dedique a preparar el currículum vitae en inglés se cosechará ventajas anteriormente inesperadas. Así que, siga leyendo. Haga el esfuerzo y logre los beneficios que un currículum vitae le puede brindar. ¡Adelante!

CAPÍTULO 1

Los elementos de un currículum vitae

Un currículum vitae que dé resultados consiste en los elementos que más interesan a los administradores cuando entrevistan a los solicitantes para un trabajo. Esos elementos son esenciales y forman los ingredientes de un currículum vitae acertado. La siguiente lista contiene tanto elementos necesarios como opcionales. Más adelante los examinaremos para que se entienda mejor la función de cada uno en la redacción del currículum vitae.

1. Encabezamiento
2. Objetivo o meta
3. Experiencia de trabajo (trabajos anteriores)
4. Educación
5. Licencias, autorizaciones y certificados
6. Asociaciones profesionales
7. Honores
8. Actividades
9. Conocimientos y habilidades especiales
10. Referencias (recomendaciones)

El primer paso en preparar un currículum vitae es reunir todos los datos personales e información de lo que haya logrado en el pasado. Luego, debe escribirlo en el lenguaje que tenga más impacto y organizarlo según el plan más llamativo y atractivo. Después, será necesario revisarlo detenidamente. A continuación, vamos a examinar cada uno de esos elementos importantes.

Encabezamiento

Aunque el encabezamiento sea un elemento sencillo, hay que tratarlo con seriedad. Entre los elementos del encabezamiento, que se colocan en la parte superior de la página, se encuentran el nombre, la dirección del domicilio y el número de teléfono. Si se puede aceptar llamadas en el lugar donde trabaja ahora, apunte su número de negocio, porque hay administradores que intentarán comunicarse con Ud. a horas de trabajo. Si eso no es posible, y si no le resulta demasiado caro, vale la pena comprar un contestador automático que le permita escuchar los mensajes grabados cuando no está en casa. De esta manera, se puede asegurar de recibir siempre los mensajes importantes.

Objetivo o meta

Cuando se quiere encarrilar en una profesión en particular, es importante incluir una afirmación del objetivo o de la meta profesional. Esta afirmación permite saber de antemano la dirección en la cual Ud. quiere adelantarse. Los jefes o administradores pueden averiguar si sus metas están de acuerdo con el puesto vacante. Por regla general, esa información se comunica con una sola oración clara y concisa.

A continuación se encuentran unos ejemplos de objetivos o metas tal como aparecen en un currículum vitae:

Ejemplo 1

OBJETIVO: Unirme a una firma de contaduría pública de tamaño pequeño o mediano, con un objetivo de corto plazo de aceptación como socio.

Ejemplo 2

OBJETIVO: Conseguir un puesto como auxiliar en un bufete de abogados en el cual se utiliza mi entrenamiento, mis destrezas de redacción y mis habilidades de comunicación.

Ejemplo 3

OBJETIVO: Un puesto profesional de ventas que conduce a un puesto como gerente en la industria de alimentos, en el cual mi experiencia administrativa, mis destrezas de comunicación y mi iniciativa sirvan para aumentar el porcentaje de ventas y mejorar las relaciones con los clientes.

Ha de ser evidente que el objetivo de trabajo variará según las características personales del individuo y las metas que quiere alcanzar. Puede ser general o específico, pero siempre debe ser conciso y directo.

En algunos casos, este elemento no es necesario, pero por lo general, es conveniente incluirlo en su currículum vitae. Le comunica al empleador la forma en que Ud. se considera a sí mismo tanto ahora como en el futuro.

Experiencia de trabajo

Sin lugar a dudas, este elemento es el más importante. Es el centro del currículum vitae y es preciso que esta sección sea completa. Solamente al examinar con atención su experiencia de trabajo o sus trabajos anteriores es posible especificar sus logros y presentarlos de tal forma que demuestre el potencial de sus capacidades y competencia. Por supuesto, un individuo recién graduado tendrá menos experiencia de trabajo que otro que haya trabajado por un tiempo. Sin embargo, la cantidad de información no es lo importante. Lo que importa es la forma en que se presenta y el modo en que hace resaltar al individuo como persona y como empleado.

A medida que escriba esta sección del currículum vitae, hay que estar consciente de la necesidad de la exactitud. Se debe apuntar toda la información necesaria sobre cada uno de los trabajos, incluso el nombre del puesto; las fechas; la asociación, compañía o empresa; la ciudad, el estado o en algunos casos, el país; las responsabilidades, los proyectos especiales y los logros. Asegúrese de mencionar sólo los logros de los cuales Ud. fue responsable directamente. Pero no se preocupe si no ha participado en ningún proyecto especial; en muchos casos esta información no es pertinente.

Una regla fundamental e importante al escribir un currículum vitae es la siguiente: *Enumere todas las experiencias de trabajo en orden cronológico inverso.* Es decir, siempre se empieza por el trabajo más reciente. De esta manera, un administrador puede considerar primero su trabajo actual (que generalmente es el más importante) antes de considerar trabajos anteriores que sean menos importantes. La descripción de su puesto o trabajo actual también debe ser la que proporcione más información y detalles. Si acaba de graduarse, indica todos los trabajos de verano y de tiempo parcial que haya realizado. En un caso como éste, la sección de educación será la más importante.

Las siguientes hojas de trabajo le ayudarán a reunir la información sobre sus trabajos anteriores. Empiece por el más reciente y siga en orden inverso.

EXPERIENCIA DE TRABAJO

Primer trabajo:

Nombre del puesto:
Fechas:
Asociación, compañía o empresa:
Ciudad, estado, país:
Responsabilidades principales:
Proyectos especiales:
Logros:

Segundo trabajo:

Nombre del puesto:
Fechas:
Asociación, compañía o empresa:
Ciudad, estado, país:
Responsabilidades principales:
Proyectos especiales:
Logros:

Tercer trabajo:

Nombre del puesto:
Fechas:
Asociación, compañía o empresa:
Ciudad, estado, país:
Responsabilidades principales:
Proyectos especiales:
Logros:

Cuarto trabajo:

Nombre del puesto:
Fechas:
Asociación, compañía o empresa:
Ciudad, estado, país:
Responsabilidades principales:
Proyectos especiales:
Logros:

Educación

La educación (es decir, la instrucción y el entrenamiento) es el elemento de segunda importancia en el currículum vitae. Su historial académico muchas veces es el factor determinante al tomar la decisión de ofrecerle trabajo. Asegúrese de poner tanto énfasis en sus logros académicos como ha puesto en sus logros de trabajo. Si se busca empleo por primera vez, la educación será lo más importante, puesto que es probable que la experiencia de trabajos anteriores sea poca. Es necesario incluir todos los títulos (de escuela secundaria, licenciatura, maestría y doctorado) y certificados que haya recibido, su área de concentración académica (sus asignaturas principales), los premios y honores que haya recibido y las actividades pertinentes. En esta sección también se empieza por los estudios más recientes.

Las siguientes hojas de trabajo le ayudarán a reunir la información para esta sección. También se proporcionan algunas hojas de trabajo adicionales para honores y actividades. A veces se presentan las listas de honores y actividades en una sección aparte, al final del currículum vitae.

EDUCACIÓN

Escuela:
Área de concentración académica (asignaturas principales):
Título:
Fecha:

Escuela:
Área de concentración académica (asignaturas principales):
Título:
Fecha:

Escuela:
Área de concentración académica (asignaturas principales):
Título:
Fecha:

Honores

Aquí se debe mencionar los premios, los honores y las membresías en asociaciones honorarias que Ud. haya recibido. Por regla general, éstos son de carácter académico pero también pueden resultar de logros especiales en deportes, asociaciones u otras actividades escolares. Hay que mencionar siempre el nombre de la organización que le otorgó el premio y la(s) fecha(s): p. ej., la Lista de Condecoraciones Académicas, 1994, 1995. Utilice la siguiente hoja de trabajo para reunir los datos pertinentes.

HONORES

Honor:
Organización que lo otorga:
Fecha(s):

Honor:
Organización que lo otorga:
Fecha(s):

Honor:
Organización que lo otorga:
Fecha(s):

Honor:
Organización que lo otorga:
Fecha(s):

Actividades

Durante su época de estudios es posible que haya participado en varias asociaciones, clubes o equipos. Por lo general, un administrador considera esta participación como prueba de la iniciativa y dedicación del individuo. La capacidad de asumir un papel activo, hasta uno de líder, en un grupo se debe mencionar en el currículum vitae. Utilice la hoja de trabajo a continuación para enumerar sus actividades y logros personales.

ACTIVIDADES

Organización/actividad:
Logros:

Organización/actividad:
Logros:

Organización/actividad:
Logros:

Organización/actividad:
Logros:

A medida que su experiencia de trabajo se acumule a través de los años, sus actividades y logros académicos llegan a ser cada vez menos importantes, hasta el día en que ni los menciona. Esto se debe al hecho de que, con el transcurso de los años, la calidad del trabajo que el individuo ha realizado llega a ser el factor más importante del currículum vitae.

Certificados y licencias

Es posible que el siguiente elemento de su currículum vitae sea el de certificados y licencias. Se debe incluirlos si el trabajo que busca los requiere y si Ud. los ha conseguido. Si ha solicitado una licencia pero todavía no la ha recibido, utilice la frase: solicitud pendiente *(application pending)*.

Los requisitos de licenciatura o de certificación difieren de estado a estado. Si Ud. se ha mudado o si tiene planes de trasladarse a otro estado, asegúrese de pedirle a la agencia de licenciatura o la junta de certificación del estado en que Ud. esté solicitando trabajo todos los requisitos necesarios para la licencia o el certificado.

Es importante que Ud. verifique que todos los datos enumerados sean correctos. Obtenga copias de sus licencias y certificados para averiguar la fecha exacta y el nombre de la agencia de autorización, p. ej., Certificado de Instrucción, Departamento de Educación del Estado de Illinois, 1995. Utilice la siguiente hoja de trabajo para apuntar sus licencias y certificados.

CERTIFICADOS Y LICENCIAS

Nombre de la licencia:
Agencia de autorización:
Fecha de autorización:

Nombre de la licencia:
Agencia de autorización:
Fecha de autorización:

Nombre de la licencia:
Agencia de autorización:
Fecha de autorización:

Asociaciones profesionales

Otro posible elemento en el currículum vitae tiene que ver con las asociaciones profesionales. Utilice esta sección para describir su participación en asociaciones profesionales, sindicatos u otras organizaciones pertinentes. Es de mayor ventaja mencionar todas las organizaciones profesionales que sean pertinentes al trabajo que Ud. busca. Asegúrese de escribir las fechas de participación y si participó en actividades especiales o si sirvió como funcionario de la organización, p. ej., Tesorero, Sociedad de Ingenieros Civiles, desde 1986 hasta la fecha actual. Utilice la hoja de trabajo a continuación para reunir esa información.

ASOCIACIONES PROFESIONALES

Nombre de la organización:
Puestos:
Actividades:
Fechas:

Nombre de la organización:
Puestos:
Actividades:
Fechas:

Nombre de la organización:
Puestos:
Actividades:
Fechas:

Nombre de la organización:
Puestos:
Actividades:
Fechas:

Conocimientos y habilidades especiales

Se reserva esta sección del currículum vitae para mencionar los conocimientos y las habilidades que Ud. tenga que podrían ser pertinentes al trabajo deseado. Hoy en día, los empleadores buscan aspirantes a los puestos que tengan experiencia con computadoras. Asegúrese de enumerar todos los tipos de computadoras y programas con los cuales Ud. esté familiarizado. Muchas veces el conocimiento de un programa determinado para computadoras es esencial si la compañía con la cual Ud. busca empleo lo usa exclusivamente. Ésta es la sección del currículum vitae que le da la oportunidad de mencionar los talentos y las experiencias que no necesariamente forman parte de su historial académico o de su experiencia de trabajo.

Claro está que el dicho "una persona bilingüe vale por dos" también es certero en el mundo del trabajo. Así que es importante que Ud. llegue a dominar el inglés o, al menos, poder defenderse en inglés. Basta con repasar los anuncios clasificados para verificar el número de puestos disponibles para personas con habilidades en dos idiomas o más. Es importante ser cándido en cuanto a las habilidades lingüísticas y mencionar el grado de facilidad que tenga en los idiomas. Ésta es información valiosa para el empleador.

Las habilidades especiales pueden abarcar una gran variedad de talentos, por ejemplo, ser redactor de un boletín o piloto experto. Sin embargo, es importante que las destrezas mencionadas en el currículum vitae pertenezcan directa o indirectamente a la clase de trabajo que Ud. busca.

Referencias

Generalmente, no se incluyen las referencias en el currículum vitae, pero es importante informarle al empleador que Ud. las podría proporcionar si fuera necesario. Es suficiente incluir una afirmación breve, tal como "Las referencias están disponibles a petición de los interesados" o "Se proporcionan cartas de recomendaciones a petición del interesado". En inglés se dice: *References are available on (upon) request.*

En visto de que es probable que el administrador del personal las desee, Ud. debe tener preparado de antemano la lista de referencias y recomendaciones. Además, por cortesía, es importante pedirle permiso a la persona que quiere mencionar como referencia y avisarle de antemano de la posibilidad de recibir una llamada que trata de una recomendación. De esta manera, él o ella puede prepararse para darle la mejor recomendación posible.

CAPÍTULO
2

Para escribir su currículum vitae

Ya que se ha reunido toda la información que corresponde a las secciones del currículum vitae, es hora de escribir cada sección de manera que llame la atención del lector. El mundo actual del trabajo se caracteriza por la competencia por el trabajo y por la fuerza e iniciativa del individuo. Sin embargo, también se busca a empleados que sepan llevarse bien con los demás y que puedan trabajar en equipo. Hay que indicar en el currículum vitae que Ud. posee todas estas capacidades.

Por esta razón la redacción de un currículum vitae difiere de todo tipo de redacción que haya conocido en el pasado. En vez de un lenguaje estático y formal, se precisa un lenguaje animado, funcional y directo, caracterizado por palabras que expresan acción. Hay que usar palabras que expresan fuerza y energía, que hacen destacar sus logros y talentos personales y profesionales. Mediante sus palabras se debe señalar que Ud. es una persona que consigue los resultados deseados por la compañía o empresa. Considere los siguientes ejemplos:

Débil   Mientras serví de supervisor, el plan del taller fue reorganizado y el resultado fue un aumento de producción de un 20%.

Fuerte   Serví de supervisor. Dirigí la reorganización del plan del taller, la cual aumentó la productividad en un 20%.

Al utilizar palabras directas y fuertes, se caracteriza a sí mismo como una persona que toma acción, una cualidad que les causará una impresión favorable en los empleadores.

A continuación hay una lista de verbos que se emplean frecuentemente en la redacción de un currículum vitae. Se utiliza el tiempo pasado, y el sujeto del verbo, o sea *yo,* se entiende (en inglés, los verbos regulares en el pasado terminan en *-ed*). Utilice esta lista para escoger las palabras que le ayuden a expresarse de forma animada y fuerte.

Inglés	Español
administered	administrar, formular
advised	aconsejar
analyzed	analizar
arranged	arreglar, disponer
assembled	reunir, armar
assumed responsibility	tomar, asumir responsabilidad
billed	facturar, extender la factura
built	construir, trazar, formar, montar, armar
carried out	realizar, llevar a cabo, cumplir
channeled	canalizar, encauzar
collected	reunir, juntar, recaudar, cobrar
communicated	comunicarse
compiled	compilar
completed	terminar, concluir, realizar
conducted	dirigir
contacted	comunicarse, ponerse en contacto
contracted	contratar
coordinated	coordinar
counseled	aconsejar, asesorar
created	crear
cut	bajar, reducir, cortar
designed	diseñar, inventar, crear, concebir
determined	determinar, resolver, decidir
developed	desarrollar, fomentar, elaborar
directed	dirigir, mandar, supervisar
dispatched	expedir, remitir
distributed	distribuir, repartir
documented	documentar
edited	redactar, corregir, preparar para la imprenta
established	establecer, fundar, entablar, demostrar, instalar
expanded	desarrollar, ampliar, aumentar
functioned as	servir de, funcionar
gathered	reunir, juntar, acumular, recaudar
handled	manejar, dirigir, controlar, ocuparse de
hired	contratar
implemented	realizar, ejecutar, cumplir, aplicar
improved	mejorar, perfeccionar, aumentar
inspected	inspeccionar, examinar, registrar
interviewed	entrevistar
introduced	introducir, lanzar, iniciar
invented	inventar
maintained	mantener, sostener, conservar
managed	manejar, conducir, dirigir, administrar
met with	reunirse con, entrevistarse con
motivated	motivar, animar
negotiated	negociar, entablar negociaciones
operated	manejar, dirigir, actuar

Inglés	**Español**
orchestrated	coordinar, realizar
ordered	hacer pedidos, encargar
organized	organizar, poner en orden
oversaw	supervisar, dirigir
performed	hacer, ejecutar, realizar, cumplir, desempeñar
planned	planificar, planear, hacer el plan
prepared	preparar
presented	presentar, exponer, designar, proponer
produced	producir, fabricar
programmed	programar, planear
published	publicar, editar
purchased	comprar, adquirir, obtener
recommended	recomendar, aconsejar
recorded	apuntar, registrar, grabar, marcar
reduced	reducir, consignar, disminuir, rebajar
referred	remitir, enviar, referirse
represented	representar
researched	investigar, efectuar investigaciones
reviewed	examinar, analizar, pasar revista a
saved	ganar, ahorrar, salvar
screened	entrevistar, seleccionar
served as	servir de, desempeñar (un cargo)
served on	participar en, desempeñar
sold	vender
suggested	sugerir, recomendar, proponer
supervised	supervisar
taught	enseñar, dar clases
tested	probar, someter a prueba, poner un examen, comprobar
trained	preparar, adiestrar, capacitar, enseñar, entrenar
typed	escribir a máquina
wrote	escribir

Ahora, vamos a examinar la información apuntada en las hojas de trabajo que corresponden a la experiencia de trabajo. Hay que escribir esa información en forma narrativa, es decir, en párrafos. Utilice los verbos activos para hacer resaltar sus acciones y logros. Considere el siguiente ejemplo:

EXPERIENCIA DE TRABAJO

Nombre del puesto: Director Regional de Ventas

Fechas: 1992–presente

Asociación, compañía o empresa: Productos Montalbanos

Ciudad, estado, país: Maracaibo, Venezuela

Responsabilidades principales: Director de representantes comerciales de la región oriental. Me encargaron de doce cuentas comerciales. Tuve la responsabilidad de entrenar al personal en nuevos métodos comerciales para lograr mayores resultados específicos. Supervisor de nuevos representantes. Daba consejos a clientes en cuanto al inventario y el control de calidad.

Proyectos especiales: Coordinador y director del seminario anual sobre la venta de productos alimenticios

Logros: Las ventas mensuales de la región aumentaron un 25% durante mi servicio, a la vez que se mantenía la proporción adecuada entre las ventas y los gastos. Se mejoraron las relaciones entre la clientela y la compañía de modo significativo.

A continuación se ve el párrafo que contiene esa información. Se ha escrito el párrafo utilizando verbos activos. Fíjese en la energía y la fuerza que comunica.

EXPERIENCIA DE TRABAJO

Productos Montalbanos, Maracaibo, Venezuela

Director Regional de Ventas, 1992–el presente

Dirigí a los representantes comerciales de la región oriental. Me encargué de doce cuentas comerciales. Entrené al personal en los nuevos métodos comerciales para lograr mayores resultados específicos. Supervisé a todos los nuevos representantes. Aconsejé a los clientes en cuanto al inventario y el control de calidad. Coordiné y dirigí el seminario anual sobre la venta de productos alimenticios. Aumenté las ventas mensuales de la región un 25% y ayudé a mejorar las relaciones entre la compañía y los clientes.

Este lenguaje directo y fuerte es necesario para tener un currículum vitae que le dé resultados. Ahora, lea la traducción al inglés que utiliza verbos activos:

WORK EXPERIENCE

Productos Montalbanos, Maracaibo, Venezuela

Regional Sales Manager, 1992–present

Managed sales representatives for the eastern region. Handled twelve commercial accounts. Trained personnel in new results-oriented business methods. Supervised all new sales representatives. Consulted with clients regarding inventory and quality control. Coordinated and sponsored the annual seminar on the sale of food products. Increased monthly sales in the region by 25% and helped improve relations between customers and the company.

También cuando se escribe esta sección, puede consultar a las descripciones de puestos *(job descriptions)* preparadas por las compañías y que se encuentran generalmente en los manuales para empleados. Estas descripciones rara vez están escritas en el lenguaje apropiado para un currículum vitae; sin embargo, sí contienen toda la información que se necesita. Es posible tomar la descripción de uno de los trabajos que se va a incluir en el currículum vitae y convertirla en un párrafo escrito en lenguaje animado. Considere el siguiente ejemplo:

Administrador público I

Responsabilidades: Coordinar y dirigir los servicios públicos para satisfacer las necesidades de la nación, del estado o de la comunidad. Analizar problemas; trabajar con comités especiales y agencias públicas; recomendar soluciones a las agencias correspondientes.

Aptitudes y habilidades: Habilidad de relacionarse y comunicarse adecuadamente con otras personas; resolver problemas complicados mediante el análisis; planificar, organizar y realizar las políticas y los programas. Conocimientos de sistemas políticos; administración financiera; administración del personal; evaluación de programas; teorías de organización

EXPERIENCIA DE TRABAJO

Estado de California, Los Ángeles, California

Administrador Público I, desde 1990 hasta la fecha

Escribí folletos y coordiné paneles de discusión con el fin de informar a los ciudadanos de los procesos legislativos y los asuntos del consumidor. Organicé y supervisé un equipo de entrevistadores. Entrené a los entrevistadores en las destrezas de la comunicación eficaz.

Traducción:

WORK EXPERIENCE

State of California, Los Angeles, California

Public Administrator I, 1990–present

Wrote pamphlets and facilitated panel discussions to inform citizens of legislative processes and consumer issues. Organized and supervised a team of interviewers. Trained interviewers in effective communication skills.

Ahora que ha aprendido a escribir su currículum vitae, está listo para el próximo paso en la búsqueda del mejor currículum vitae posible: el plan gráfico.

CAPÍTULO

3

La organización y el plan gráfico

Después de convertir las listas de datos en forma narrativa y expresarla en un lenguaje dinámico, el próximo paso es ordenar los elementos y colocarlos en la página de una manera atractiva con el fin de lograr el efecto deseado: obtener la entrevista.

La organización

El orden de los elementos de un currículum vitae influye en el efecto total. Claro está que no sirve colocar su nombre y dirección en el centro del currículum vitae; tampoco sirve empezar con sus conocimientos y habilidades especiales. Hace falta ordenar los elementos de manera que hacen destacar sus logros más importantes, no sus datos menos pertinentes. Por ejemplo, si se graduó de la escuela recientemente y no tiene experiencia anterior de trabajo de tiempo completo, es preferible mencionar las asignaturas que ha cursado antes de enumerar los trabajos de verano de tiempo parcial. Por otro lado, si ya lleva varios años trabajando y está encargado de un puesto importante en la compañía, es preferible mencionar la experiencia de trabajo antes de la educación.

Algunos elementos se incluyen siempre en un currículum vitae; otros son opcionales. En la siguiente página se encuentra una lista de los elementos esenciales y opcionales.

Esencial	**Opcional**
Nombre	Objetivo o meta
Dirección	Honores
Número de teléfono	Conocimientos y habilidades especiales
Experiencia de trabajo	Asociaciones profesionales
Educación	Actividades
Referencias/recomendaciones	Licencias y certificados

La selección de la información opcional depende de los antecedentes del individuo y de las necesidades del trabajo. Hay que utilizar la información que hace resaltar sus logros y capacidades. Si le hayan otorgado honores admirables, menciónelos en la sección de honores. Si las actividades en la escuela señalan sus talentos para el trabajo, entonces hay que dejar espacio para mencionarlas. El currículum vitae, igual que el individuo, es único.

Los tipos de currículum vitae

Hasta este punto, hemos utilizado ejemplos del currículum vitae más corriente: *el currículum vitae cronológico*. En un currículum vitae cronológico, todas las experiencias del trabajo se presentan en orden cronológico inverso, empezando por el trabajo más reciente. Por regla general, los directores del personal prefieren ese tipo y por consiguiente es el que se usa con más frecuencia. Sin embargo, en algunos casos, este estilo de presentación no es la manera más efectiva para hacer resaltar sus habilidades y logros.

Al individuo que esté regresando al mundo de trabajo después de varios años o a aquél que desee cambiar de carrera, *el currículum vitae funcional* puede brindarle mejores resultados. Ese tipo de currículum vitae se concentra más en los logros que en la secuencia de los trabajos anteriores. En el currículum vitae funcional se presenta la experiencia mediante los logros y las habilidades que se han desarrollado en el trabajo anterior.

Se puede preparar un currículum vitae funcional utilizando los mismos datos reunidos para el cronológico. La diferencia se nota en la manera en que se presentan esos datos. Por ejemplo, la sección de experiencia de trabajo se convierte en dos secciones: una consiste en las responsabilidades y los logros y otra en los datos (nombres, ciudades, estados, países, puestos y fechas) de los trabajos anteriores. Se coloca la primera sección al principio del currículum vitae, debajo del objetivo, y se le puede poner el título de *Logros profesionales*. La segunda sección que contiene los datos esenciales del historial de empleo, se puede colocar después de la primera y ponerle el título de *Experiencia de trabajo* o *Historial del empleo*. Las demás secciones del currículum vitae no cambian. Las únicas diferencias en un currículum vitae funcional suceden en la sección de la experiencia de trabajo. Al colocar primero la sección que se concentra en sus logros, se pone mayor énfasis en lo que se ha logrado y menos énfasis en los datos del trabajo anterior. De esta manera, se hace resaltar lo que el individuo ha realizado en el pasado y lo que es capaz de hacer en el futuro.

Para alguien que esté cambiando de carrera, es muy importante hacer resaltar las destrezas y habilidades, los talentos y los logros. Los nombres de los empleadores del pasado se consideran menos pertinentes porque no tienen que ver con el nuevo campo de interés. Por eso, se utiliza el currículum vitae funcional. Si le falta experiencia en un trabajo de tiempo completo, es necesario poner énfasis en sus destrezas y habilidades desarrolladas de otras maneras, o sea, mediante las actividades de trabajo comunitario o de trabajo de tiempo parcial. Es posible también que la educación sea de mayor importancia si ha recibido entrenamiento en otro campo o si ha cursado estudios en otra disciplina.

El tipo de currículum vitae que le convenga depende de su situación personal. Le podría ser útil desarrollar un currículum vitae cronológico y uno funcional para poder compararlos y determinar cuál le resulta más apropiado. Encontrará ejemplos de los dos tipos en el capítulo 5 de este libro. Vea esos ejemplos para poder determinar el contenido y el aspecto físico de su propio currículum vitae. En las páginas a continuación se encuentran ejemplos de cada tipo, el cronológico y el funcional.

El plan gráfico

Después de haber determinado los elementos que se va a incluir en el currículum vitae y después de haberlo ordenado lógicamente para hacer resaltar sus logros y habilidades, el próximo paso es hacer el plan gráfico, o sea, planear el aspecto físico del currículum vitae.

No hay un solo plan adecuado para todos, pero sí hay algunas reglas fundamentales que le pueden servir para planear el diseño general:

1. Los márgenes superiores, inferiores y laterales de las páginas deben ser amplios (generalmente de entre 1 pulgada y 1 pulgada y media).

2. El espacio entre las secciones debe ayudar a destacarlas (generalmente 2 ó 3 líneas de espacio son suficientes).

3. Hay que mantener el mismo estilo para todos los títulos de las secciones. Por ejemplo, si se escribe con letras mayúsculas HISTORIAL DE EMPLEO, hay que usar mayúsculas para todos los títulos de igual importancia.

4. Intente colocar toda la información en una sola página. Si le resulta difícil, tal vez esté tratando de incluir demasiada información. Hay que eliminar los datos que se repiten o abreviar las descripciones de sus primeros empleos. Tal vez se haya incluido demasiadas secciones opcionales. No permita que la tendencia hacia contar toda su historia personal y profesional le impida producir un currículum vitae claro y conciso. El currículum vitae que dé mayores resultados es el breve y fácil de leer y que cause una impresión mayormente favorable.

Hay que experimentar con varios planes hasta encontrar el que le parezca atractivo y bueno. Le podría ser útil mostrar su currículum vitae a personas de confianza que le pueden dar una crítica objetiva. Averigüe cuáles de las secciones les causan una impresión favorable y luego determine si éstas son las más importantes en cuanto al trabajo que Ud. desea conseguir.

Para imprimir su currículum vitae

Es importante que se produzca un currículum vitae escrito a máquina (o preparado en una computadora) e imprimido en un papel del tamaño 8 1/2 pulgadas por 11 pulgadas. Para mejores resultados, es de suma importancia que se utilice papel de alta calidad. Si tiene a su disposición una computadora con buena imprenta, por ejemplo, por láser, utilícela. Si no, una máquina de escribir que produzca una copia limpia y clara es adecuada.

Después de haber producido el prototipo limpio y claro, se puede mandar imprimir o sacarle fotocopias. Hay que llevarlo a una imprenta que le asegure que produzca copias sin rayas ni manchas y pedir que utilicen una calidad alta de papel para todas las copias. Pídales una muestra antes de que reproduzcan su currículum vitae. Después de recibir las copias, revíselas para asegurarse de que estén limpias y claras.

Otra opción más cara es llevarlo a una imprenta profesional que le componga el currículum vitae en tipografía atractiva y que se lo imprima en la prensa offset. Sin duda, de esta manera, Ud. obtendrá copias claras y atractivas, pero es probable que un currículum vitae escrito a máquina y reproducido por una fotocopiadora le brinde los mismos resultados a un precio mucho más económico.

La revisión del currículum vitae

Después de preparar el último borrador del currículum vitae, pero antes de hacer las copias finales, es de mayor importancia que lo lea y lo revise para corregir errores tipográficos y errores de ortografía, puntuación y gramática. Sobre todo si Ud. no domina el inglés, es importante pedir que otras personas revisen el currículum vitae y le ayuden a corregir los errores. Los errores de ortografía y gramática sólo servirán para derrotar todos sus esfuerzos. Podrían indicar una falta de atención a los detalles y causar una impresión poco favorable. Pero, al revisar el currículum vitae, tanto en español como en inglés, se evita esos errores. Las siguientes reglas ortográficas para el inglés le pueden ayudar a revisar su currículum vitae.

Mayúsculas

- Se escriben con mayúscula los días de la semana y los meses.
- Se escriben con mayúscula todos los nombres propios, por ejemplo los nombres de escuelas, colegios, universidades, compañías y empresas y las marcas de productos.
- Se escriben con mayúscula todas las palabras importantes en el título de un libro, un artículo o un examen que aparezca en su currículum vitae.

  Hice el papel de Scarlett O'Hara en *Lo que el viento se llevó*.

  Played the role of Scarlett O'Hara in *Gone with the Wind*.

- Se escriben con mayúscula las palabras importantes de las secciones principales del currículum vitae ("Experiencia de trabajo"/*"Work Experience"*).
- Consulte un buen diccionario bilingüe publicado por una casa editorial norteamericana. Muchos diccionarios bilingües son publicados por casas editoriales británicas y es posible confundirse con las diferencias en la escritura de las palabras. Otras fuentes de información se pueden encontrar en las bibliotecas; por ejemplo, manuales de estilo en inglés que le proporcionan reglas de ortografía y gramática.

Puntuación

- Se emplea un punto al final de una oración. Después del punto, la primera palabra se escribe con mayúscula.
- Se usa una coma para separar dos o más palabras de una misma categoría, incluso antes de la conjunción.

    Di clases en relaciones públicas, contabilidad y mercadeo.

    Taught classes in public relations, accounting, and marketing.

- Se emplea una coma en los números mayores de 999, por ejemplo, 1,300 (mil trescientos).
- Se emplean las comillas para los títulos de artículos y títulos que forman parte de una obra compilada.

    Publiqué "La reparación de sistemas de inyección de combustibles" en el boletín del taller.

    Published "The Repair of Fuel Injection Systems" in the shop bulletin.

- Se emplean dos puntos para indicar una lista explicativa. Por ejemplo, "Supervisé a cinco empleados: dos cajeros y tres vendedores" *("Supervised five employees: two cashiers and three salespeople.")*
- Se emplean dos puntos al final de la fórmula de encabezamiento de una carta comercial ("Estimados señores:"/*"Dear Sirs:"*). (Véase el capítulo 6.)
- Se emplea punto y coma entre dos cláusulas independientes no unidas por una conjunción.

    Prefiero no trasladarme; sin embargo, estoy dispuesto a hacerlo si se presenta la ocasión.

    I prefer not to relocate; however, I am willing to do it if the need arises.

- Evite el uso de los corchetes.
- Evite el uso de las rayas o guiones.

CURRÍCULUM VITAE CRONOLÓGICO

DAVID GONZALO PÉREZ
3663 N. Coldwater Canyon
North Hollywood, California 90390
818/555-3472
818/555-3678

OBJETIVO PROFESIONAL: Un puesto de director de ventas/mercadeo en que pueda utilizar mis conocimientos y experiencia al combinar el alto volumen de ventas de cuentas principales y mis habilidades administrativas para aumentar las ventas mediante la motivación del equipo de agentes de ventas.

HISTORIAL DE EMPLEO: Industrias Tribor, Los Angeles, California
Director Regional de Ventas, 1985–el presente
Dirigí las ventas de todas las líneas de productos en los mercados occidentales para el mayor fabricante de mantelería de lino. Represené cinco departamentos de la corporación con ventas mayores de $3,000,000 al año. Dirigí y motivé a un equipo de ventas de 12 agentes en una campaña de ventas orientada a lograr las metas de la compañía.

Industrias Tribor, Los Angeles, California
Administrador del Distrito, 1980–1985
Serví de representante de ventas para toda la región metropolitana de Los Angeles. Aumenté la distribución por mayoreo y por los distribuidores independientes. Ascendí al puesto de Director Regional de Ventas después de cinco años de servicio.

American Office Supply, Chicago, Illinois
Asistente al Director de Ventas, 1976–1980
Manejé asuntos internos y externos de ventas y de mercadeo, incluso la preparación de muestras, anuncios y costos. Serví de agente de ventas de una gran variedad de productos de oficinas a comerciantes a por menor.

EDUCACIÓN: Universidad de Michigan, Ann Arbor, Michigan
Licenciatura en Administración de Empresas, 1975
Área de Concentración: Administración

SEMINARIOS: Seminario de la Asociación Nacional de Administración, 1984
Seminarios de la Universidad de Purdue, 1987, 1988

**ASOCIACIONES
PROFESIONALES:**   Asociación de Ventas y Mercadeo de Los Angeles
Asociación Nacional del Desarrollo de Mercados

RECOMENDACIONES: A petición del interesado.

CURRÍCULUM VITAE FUNCIONAL

Sara Luisa Becerra
4400 Sunset Boulevard
Los Angeles, California 90028
213/555-8989
213/555-6666

OBJETIVO: Un puesto en la administración de ventas.

LOGROS:
* Planifiqué estrategias exitosas para identificar y promover cuentas nuevas.
* Aumenté las ventas al menos un 20% al año como Directora de Ventas del Distrito.
* Investigué y analicé las condiciones del mercado para buscar nuevos clientes.
* Desarrollé las estrategias de ventas semanales y mensuales.
* Supervisé a siete agentes de ventas.
* Realicé visitas en el distrito para resolver problemas de la clientela.
* Mantuve comunicaciones diarias con los clientes para asegurar las buenas relaciones entre la clientela y la compañía.
* Escribí los boletines informativos sobre los nuevos productos y los diseminé mediante un programa de publicidad directa.

EXPERIENCIA DE TRABAJO:

Southern California Fruit Co., Los Angeles, California
Directora de Ventas del Distrito, 1986–1993

L.A. Freight Co., Los Angeles, California
Administradora de Cuentas, 1984–1986

Gutiérrez y Hermanos, Distribuidores, Monterrey, MéxicoAgente de Ventas, 1979–1980

EDUCACIÓN:

Universidad de Colorado, Boulder, Colorado
Licenciatura en Letras, 1984

Instituto Tecnológico de Administración Comercial, Monterrey, México
Bachiller Comercial opción Administración, 1979

ASOCIACIONES PROFESIONALES:

Asociación de Comerciantes del Sur de California, Tesorera, 1988
Cámara de Comercio de Los Angeles, 1987–el presente

HABILIDADES ESPECIALES:

Bilingüe en inglés y español. Experiencia de utilizar DOS, LOTUS, DBASE y WordPerfect.

REFERENCIAS: A petición de los interesados.

CAPÍTULO 4

La carta de presentación

Por lo general, se envía el currículum vitae acompañado de una carta en la cual Ud. se presenta a sí mismo. Claro está, habrá ocasiones en que entregará el currículum vitae personalmente, pero en la mayoría de los casos, lo tendrá que enviar primero. Por esa razón la carta de presentación acompaña al currículum vitae. El propósito de la carta es presentarse de tal manera que la persona se interese por Ud. y por leer su currículum vitae.

Al igual que el currículum vitae, es esencial que la carta sea clara, concisa y directa. Generalmente, esa carta contiene la siguiente información:

1. Su nombre y dirección (si no se incluye en un encabezamiento)

2. La fecha

3. El nombre y la dirección de la persona y la compañía a la cual se remite el currículum vitae

4. El saludo ("Estimado Sr. [Sra., Srta.]" seguido por el apellido/*"Dear Mr. [Mrs., Ms., Miss]"* o si no se sabe el nombre se utiliza la expresión *"To Whom It May Concern"*, es decir, "A quien interese")

5. Un párrafo de introducción en que se explica por qué le está escribiendo (para responder a un anuncio de empleo, como resultado de una cita o como resultado de la sugerencia de alguien conocido por los dos) y en el cual se indica que Ud. está interesado en un puesto

6. Uno o dos párrafos para explicar por qué desea trabajar para esta compañía y cuáles son las experiencias y las aptitudes para el trabajo que le pueda proporcionar

7. El último párrafo para pedir una entrevista y despedirse cordialmente

8. Una despedida breve, equivalente a "Atentamente" (*"Sincerely"* o *"Yours truly"*) seguida por la firma y su nombre escrito a máquina abajo

Por lo general, las cartas comerciales en inglés no se rigen por las mismas fórmulas que las cartas en español. Es decir, tienden a ser más directas y menos formales. No obstante, es importante que la carta sea breve y concisa, escrita en un tono cortés y profesional. No hay que contarle la historia de su vida. La información más importante se encuentra en el currículum vitae; en la carta se debe mencionar sólo los puntos más sobresalientes y pertinentes al trabajo.

Para asegurarse de que lean la carta y el currículum vitae, es necesario preparar cada carta individualmente. Esto quiere decir que hay que escribirla a máquina o, si la tiene en la computadora, hay que adaptarla a las circunstancias e imprimirla en papel de alta calidad.

Al igual que el currículum vitae, la revisión detallada de la carta es muy importante para eliminar todos los errores tipográficos, de ortografía y de gramática. Hasta vale la pena pedir a una persona de confianza que la lea también. Cuando la carta final esté lista, revísela para que no tenga manchas ni rayas.

Después, hay que preparar el sobre y asegurarse de colocar suficientes estampillas para cubrir el costo del envío. Revise la dirección y el nombre de la persona antes de mandarla.

Además, cada vez que mande una carta y un currículum vitae, apúntelo y más adelante anote los resultados.

En el capítulo 6, se encuentran ejemplos de cartas de presentación. Los puede utilizar como modelos para la redacción de su propia carta, empleando las frases y los términos apropiados para sus necesidades. El tono y el lenguaje de la carta deben reflejar a la persona que la escribe y presentarla de la mejor manera posible.

CAPÍTULO

5

Ejemplos de currículum vitae

En este capítulo se encuentran ejemplos (50 en español con traducción al inglés) de los estilos que se pueden utilizar en un currículum vitae. Se distinguen no sólo por su plan gráfico sino también por su organización. Además, los ejemplos representan varios niveles de experiencia, educación y aptitudes. Lo invitamos a examinarlos y hacer uso de los elementos y el lenguaje que le sirvan para preparar su propio currículum vitae.

Andrés Gómez Mendoza
6300 Beasley Road
Jackson, Mississippi 39225
601/555-7819

Objetivo Personal

Trabajo con un taller de reparación automotriz o de enderezado y pintura

Experiencia

Reparación de automóviles y enderezado y pintura
- Ayudé con la reparación completa de los exteriores de seis autos.
- Ayudé a reconstruir y reparar motores.
- Pinté dos camionetas (vans).
- Ayudé con la personalización del interior de varias camionetas.

Mantenimiento doméstico
- Realicé el mantenimiento de la jardinería ornamental de un complejo de apartamentos.
- Pinté el exterior y el interior de dos hogares.
- Ayudé a instalar el techo de una casa nueva y a reparar el techo de otra.
- Hice reparaciones de carpintería en el complejo de apartamentos.

Historial de empleo

Factótum   desde 1993 hasta la fecha actual
Delta Apartments
2400 Albemarle Road
Jackson, Mississippi 39213
Supervisor: Adrian Florio

Responsabilidades: mantenimiento de jardinería ornamental, carpintería, reparaciones en general.

Conserje   desde 1992 hasta 1993
Alternative Junior High School
1900 N. State Street
Jackson, Mississippi 39202
Supervisor: Johnson Ableman

Responsabilidades: trabajos generales de limpieza de los pisos y las alfombras, limpiar los sanitarios.

Destrezas y actividades

Dominio del lenguaje por señas, el dibujo y la pintura.

Educación

Programa Nocturno de GED para Adultos   desde 1993
Jackson High School   hasta la fecha
Espero aprobar el examen de GED en 1996.

Instituto Tecnológico de Santo Domingo, República Dominicana
Certificado en junio de 1991
Materias: mecánica automotriz, carpintería, inglés

Recomendaciones

A petición del interesado.

Andrés Gómez Mendoza
6300 Beasley Road
Jackson, Mississippi 39225
601/555-7819

Personal Objective	Job with automotive repair or body shop

Experience

Automotive Repair and Body Work
- Assisted with complete exterior repair of six cars.
- Assisted in rebuilding and repairing engines.
- Painted two vans.
- Assisted with customizing the interiors of several vans.

Home Maintenance
- Provided landscape maintenance for an apartment complex.
- Painted the interior and exterior of two homes.
- Assisted in installing the roof of a new home and repairing the roof of another.
- Provided minor carpentry work for an apartment complex.

Work History

Handyman   1993–present
Delta Apartments
2400 Albemarle Road
Jackson, Mississippi 39213
Supervisor: Adrian Florio

Duties: landscape maintenance, carpentry, general repair.

Custodian   1992–1993
Alternative Junior High School
1900 N. State Street
Jackson, Mississippi 39202
Supervisor: Johnson Ableman

Duties: general floor and carpet cleaning, cleaning restrooms.

Skills & Activities

Mastery of sign language, drawing, and painting.

Education

Night Program of GED for Adults   1993–present
Jackson High School
I expect to take the GED exam in 1996.

Instituto Tecnológico de Santo Domingo, Dominican Republic
Certified: June 1991

Courses: automotive mechanics, carpentry, English

References

Available on request.

Alicia Castillo   20317 Fountain Road, Apartamento 8
                                                             Dallas, Texas 75230
                                                             (214) 555-3658

Empleo deseado   Auxiliar de maestro de guardería o jardín infantil

Experiencia de trabajo
6/93 al presente   Cuidado de niños, Faubian Elementary School
                               3039 N.E. Flameleaf Blvd.
                               Dallas, Texas 75209
                               (214) 255-5085
                               Supervisora: Nancy Toppila

                               Responsabilidades: Cuidar a los niños durante las clases para
                               adultos.

6/93 al presente   Voluntaria, Hospital San Vicente
                               2915 Capilla Avenue
                               Dallas, Texas 75209
                               (214) 254-2333
                               Supervisora: Jamilla de Corazón, R.N.

                               Responsabilidades: Repartir revistas y libros, leer a los
                               pacientes, visitar a los pacientes, servir de intérprete y ayudar
                               a las enfermeras.

Educación
9/91 a 6/95   Skyview High School, 1775 Westview Rd., Dallas
                               Materias relacionadas:
                               De un año: Desarrollo infantil; auxiliar de maestro; economía
                               doméstica y nutrición; salud y aptitud física.

Habilidades relacionadas

                               • Certificación en CPR (resucitación cardiopulmonar) y en
                                 primeros auxilios básicos
                               • Entrenamiento en el cuidado de niños, dado por la Cruz
                                 Roja del condado
                               • Cursé estudios sobre el cuidado de niños en el Hospital
                                 San Vicente

                               Recomendaciones a petición del interesado.

Alicia Castillo   20317 Fountain Road, Apartment 8
                                                     Dallas, Texas 75230
                                                     (214) 555-3658

Job Desired   Preschool or day care center teaching assistant

Work Experience
6/93 to present   Childcare, Faubian Elementary School
                         3039 N.E. Flameleaf Blvd.
                         Dallas, Texas 75209
                         (214) 255-5085
                         Supervisor: Nancy Toppila

                         Duties: Provide child care during adult education classes.

6/93 to present   Volunteer, St. Vincent's Hospital
                         2915 Capilla Avenue
                         Dallas, Texas 75209
                         (214) 254-2333
                         Supervisor: Jamilla de Corazon, R.N.

                         Duties: Distribute magazines and books, read to patients, visit
                         patients, serve as interpreter, and assist nurses.

Education
9/91 to 6/95   Skyview High School, 1775 Westview Rd., Dallas
                         Related Coursework:
                         One year each: Child Development; Teacher Assistant; Home
                         Economics and Nutrition; Health and Fitness.

Related Skills
                         • Hold CPR and basic emergency first aid certification
                         • Trained in babysitting by county Red Cross
                         • Completed courses in infant care at St. Vincent's Hospital

                         References available on request.

Estrella Angelino
2240 W. Yucca Street
Santa Fe, New Mexico 87538
(505) 555-5121

Objetivo

Conseguir empleo de tiempo parcial en ventas, con especialización en ventas y servicio a la clientela, que ofrezca oportunidades de ascenso.

Entrenamiento pertinente

- Mecanografía
- Inglés
- Contabilidad y finanzas
- Sistemas y procedimientos de oficina
- Aplicaciones de computadoras
- Contabilidad procesada por computadora

Educación

Capital High School, Santa Fe, Diploma, junio de 1995

Experiencia de trabajo

Taco Fiesta, Paseo del Sol, Santa Fe
(Contratada en abril de 1994; se cerró el restaurante en diciembre de 1994)
Entre mis responsabilidades contaban saludar a los clientes, tomar pedidos, servir de cajera, contestar los teléfonos, cocinar, limpiar y ayudar a cerrar el restaurante.

El Sabor de Santa Fe
(Voluntaria en 1992, 1993 y 1994)
Serví como voluntaria para las festividades municipales anuales de música y comida. En 1992 y 1993 trabajé con el público, tomé pedidos, hice cambio y manejé los pagos en efectivo, y serví helados. En 1994, serví refrescos y manejé los pagos en efectivo.

St. Vincent de Paul, Santa Fe
(Trabajo voluntario desde 1992)
He trabajado como voluntaria para ayudar a servir la comida y a repartir ropa y provisiones a la gente necesitada.

Se proporcionan cartas de referencia a petición del interesado.

Estrella Angelino
2240 W. Yucca Street
Santa Fe, New Mexico 87538
(505) 555-5121

Objective   Obtain part-time work in sales, specializing in selling and customer service, with opportunities for advancement.

Relevant Training

- Typing
- English
- Accounting and finance

- Office systems and procedures
- Computer applications
- Computer accounting

Education

Capital High School, Santa Fe, Diploma, June 1995

Work Experience

Taco Fiesta, Paseo del Sol, Santa Fe
(Hired in April 1994; restaurant closed in December 1994)
My responsibilities included greeting customers, taking orders, serving as cashier, answering telephones, cooking, cleaning, and assisting with closing.

Santa Fe Flavor
(Volunteer in 1992, 1993, and 1994)
I served as a volunteer for the city's annual celebration of food and music. In 1992 and 1993 I worked with the public, took orders, made change and handled payments in cash, and served ice cream. In 1994, I served soda drinks and handled cash.

St. Vincent de Paul, Santa Fe
(Volunteer since 1992)
I have worked as a volunteer helping to serve food and distribute clothing and supplies to people in need.

References will be provided on request.

Alejandro Heredia
2231 W. Flagler St., Apartamento A
Miami, Florida 33133
(305) 445-5100

Trabajo deseado

Cajero u oficinista de un banco con oportunidades de utilizar mis estudios en finanzas y contabilidad.

Educación
9/93–presente

Miami-Dade County Community College
Materias: Contabilidad, Finanzas, Administración de empresas
Espero graduarme con honores en junio de 1995.

1989–1991

Instituto Técnico de Economía, Cuba
Materias: Economía, Ruso, Administración

Experiencia

Cursé estudios en contabilidad con concentración en registrar y analizar las transacciones financieras, desarrollar planes financieros y preparar estados de cuenta.

Obtuve experiencia en la contabilidad por computadora, utilizando dos programas de *software* distintos: ACCPAC Plus y Lotus 1-2-3.

Participé como gerente de finanzas en la dirección simulada de una compañía. Desarrollé el plan comercial y trabajé con el director de mercadeo para realizar los objetivos del negocio.

Actividades

Trabajo voluntario para la Cámara de Comercio de la Calle Ocho. Serví de mensajero y repartidor de boletines.

Reportero para el boletín escolar, edición bilingüe.

Inscrito en clases nocturnas de inglés como segundo idioma en Miami-Dade Community College.

Historial de trabajo
6/94–presente

Cafetería Delgado
222 N.W. Eighth Street
Miami, Florida 33133
Supervisor: León Enrique Delgado
Responsabilidades: Servir de cajero, atender a los clientes, preparar la comida, y ayudar a registrar los recibos y preparar el balance general.

Referencias

A petición del interesado.

Alejandro Heredia
2231 W. Flagler St., Apartment A
Miami, Florida 33133
(305) 445-5100

Job Desired	Bank teller or bank clerk with opportunities for utilizing my studies in finance and accounting.

Education

9/93–present
Miami-Dade County Community College
Courses: Accounting, Finance, Business Administration
Expect to graduate with honors June 1995.

1989–1991
Instituto Técnico de Economía (Technical Institute of Economy), Cuba
Courses: Economics, Russian, Administration

Experience
Completed courses in accounting with focus on recording and analyzing financial transactions, developing financial plans, and preparing financial statements.

Obtained experience in computer-assisted accounting, using two different software programs: ACCPAC Plus and Lotus 1-2-3.

Participated as financial manager in a class-run simulated business. Developed business plan and worked with marketing manager to carry out business objectives.

Activities
Volunteer work for the Eighth Street Chamber of Commerce. Served as messenger and distributor of bulletins.

Reporter for the bilingual edition of the school newsletter.

Enrolled in night classes for English as a Second Language in Miami-Dade County Community College.

Work History

6/94–present
Cafetería Delgado
222 N.W. Eighth Street
Miami, Florida 33133
Supervisor: León Enrique Delgado
Responsibilities: Serve as cashier, wait on customers, prepare food, and assist in recording receipts and preparing balance sheets.

References
Available upon request.

María del Carmen Santana
Rural Route 31, Apartado Postal 243
Cicero, New York 13039
(315) 555-2446

OBJETIVO DE EMPLEO
Obtener empleo de tiempo parcial en ventas, en una boutique o un almacén.

EDUCACIÓN
Cicero County Extension College
Rural Route 31, Cicero, New York 13039
Fecha de graduación: Diciembre de 1996
  Materias pertinentes: Matemáticas, Contabilidad, Administración de empresas pequeñas,
  Inglés como segundo idioma (clases avanzadas)

Academia Lingüística Británica
1a. Calle del Chajón No. 19-A
Antigua, Guatemala
Certificado de secretariado bilingüe, diciembre de 1993
  Materias pertinentes: Mecanografía, Inglés, Composición, Preparación de textos por
  computadora

HISTORIAL DE EMPLEO
Vendedora, desde 1994 hasta la fecha
Stanley Home Products, Inc.
  He generado una clientela de más de 50 personas. Me nombraron "Vendedora del mes"
  en julio de 1994.

Recepcionista, desde 1992 hasta 1993
Posada Doña Angélica
5a. Calle Poniente No. 32
Antigua, Guatemala
  Serví de recepcionista, arreglé excursiones, resolví problemas, ayudé a los turistas de
  distintos países.

INTERESES Y ACTIVIDADES
  Modistería, diseño de ropa para damas, bordado.
  Trabajo voluntario en un asilo para ancianos.

Referencias a petición del interesado.

María del Carmen Santana
Rural Route 31, P.O. Box 243
Cicero, New York 13039
(315) 555-2446

JOB OBJECTIVE
Obtain a part-time job in sales in a boutique or department store.

EDUCATION
Cicero County Extension College
Rural Route 31, Cicero, New York 13039
Expected graduation date: December 1996
    Related courses: Math, Accounting, Small Business Administration, English as a Second
    Language (advanced classes)

Academia Lingüística Británica (British Language Academy)
1a. Calle del Chajón No. 19-A
Antigua, Guatemala
Certificate as bilingual secretary, December 1993
    Related courses: Typing, English, Composition, Word Processing

WORK HISTORY
Salesperson, 1994 to the present
Stanley Home Products, Inc.
    I have developed a clientele of more than 50 people. Was named "Salesperson of the
    Month" in July 1994.

Receptionist, 1992 to 1993
Posada Doña Angélica
5a. Calle Poniente No. 32
Antigua, Guatemala
    Served as hotel receptionist, arranged day trips, resolved problems, assisted tourists from
    various countries.

INTERESTS AND ACTIVITIES
    Dressmaking, women's clothing design, embroidery.
    Volunteer work in a retirement home.

References available on request.

• Juan Aguilar •

158 Halladay S.W.
Benton Harbor, Michigan 49028

Teléfono: 616-555-7379

• Empleo deseado •

Aprendiz de imprenta en el departamento de imprenta de un periódico.

• Educación •

1992–la fecha actual
Benton Harbor High School. Fecha esperada de graduación: junio de 1996.
Materias pertinentes: artes gráficas, periodismo, fotografía, mecanografía, preparación de textos por computadora, inglés como segundo idioma.

• Habilidades y experiencia •

Experiencia en hacer funcionar lo siguiente: prensa gráfica, prensa offset, cámara, fotocopiadora, máquina tipográfica Compuset 2824, computadora Macintosh (con *software* de Quark Xpress, PageMaker, Adobe Photoshop, Aldus Freehand).

Recién llegado de México, cursé un año de estudios intensivos de inglés auspiciados por los Servicios Comunitarios de Benton Harbor.

• Experiencia de trabajo •

Ayudante de imprenta en Michigan Printing. Verano de 1994.
Ayudé en la preparación de las pruebas para sacar las placas de película, la preparación de negativos fotográficos para hacer los estereotipos, coloqué los estereotipos en la prensa, revisé tirajes de la imprenta, manejé el doblador y la máquina debastadora.

Director de producción en el "Harbor High Herald". 1993–la fecha.
Entre las responsabilidades cuentan la preparación y el ensamblaje de las páginas para mandar a imprimir. He participado últimamente en convertir el sistema tradicional de tipografía y preparación en un sistema electrónico con la capacidad de utilizar el "scanner" para integrar las fotografías en el sistema, luego ajustar el tamaño electrónicamente de acuerdo al diseño del texto y las láminas.

Procesador de vegetales, Reddy Veggy Factory, Benton Harbor. Los veranos de 1992 y 1993.

• Recomendaciones •

Se proporcionan a petición del interesado.

• Juan Aguilar •

158 Halladay S.W.
Benton Harbor, Michigan 49028

Telephone: 616-555-7379

• Job desired •

Printer's apprentice in newspaper printing department.

• Education •

1992–present
Benton Harbor High School. Expected graduation date: June 1996.
Pertinent courses: graphic arts, journalism, photography, typing, word processing, English as a second language.

• Skills and Experience •

Experienced in running the following: graphic press, offset press, camera, photocopier, Compugraphic 2824 typesetter, Macintosh computer (Quark Xpress, PageMaker, Adobe Photoshop, Aldus Freehand).

Newly arrived from Mexico, completed a year of intensive studies in English as a Second Language, sponsored by the Benton Harbor Community Services.

• Work Experience •

Printing assistant for Michigan Printing. Summer 1994.
Assisted with preparing camera-ready mechanicals for film, making photo negatives for printing plates, positioned plates on the press, checked press runs, operated folder and trimmer.

Production chief for the "Harbor High Herald." 1993–present.
Duties include set-up and layout of boards for printing. Recently participated in converting the traditional typesetting system to electronic pre-press with the ability to use the scanner to integrate photos into the system, then cropping and sizing them electronically to fit the layout of text and other graphics.

Vegetable processor, Reddy Veggy Factory, Benton Harbor. Summers of 1992 and 1993.

• References •

Available upon request.

HECTOR AGRAMONTE
809 N. Washington Street
Bismarck, North Dakota 58501
Teléfono: 555-3994

OBJETIVO
Puesto con una empresa agrícola que utilice mis habilidades en administración y organización.

EDUCACIÓN
Central Senior High School, 1000 East Century Avenue, Bismarck
　　　Recibí el diploma en 1995.
　　　Estudios realizados: una serie de clases sobre los negocios relacionados con la agricultura, las leyes y el mercadeo; estudio independiente en el cual desarrollé y preparé un plan de desarrollo y mercadeo para una nueva empresa que proporciona servicios de obreros a los agricultores.

EXPERIENCIA PERTINENTE
Embalador/Jefe del campo, Klair & Klock Larson Farm. Los veranos de 1993, 1994 y 1995.
　　　Trabajé cada verano en los henares, ganando entre el 10 por ciento de los embaladores más productivos (pagados por toneladas embaladas). En 1995 me contrataron como jefe del campo y me encargué de supervisar a los obreros, pagar los sueldos y revisar la calidad del trabajo.

CONOCIMIENTOS Y HABILIDADES
　　　Hábil en utilizar varias herramientas agrícolas y manejar las máquinas agrícolas. Buen dominio del inglés. Lectura independiente sobre la motivación de empleados y comunicación comercial.

REFERENCIAS
A petición del interesado.

HECTOR AGRAMONTE
809 N. Washington Street
Bismarck, North Dakota 58501
Telephone: 555-3994

OBJECTIVE
Position in agribusiness utilizing my supervisory and organizational skills.

EDUCATION
Central Senior High School, 1000 East Century Avenue, Bismarck
> Diploma awarded in 1995.
> Courses completed: series of business courses in agriculture, law, and marketing; independent study in which I devised and prepared a development and marketing plan for a new agricultural support services business.

RELEVANT EXPERIENCE
Baler/Field Boss, Klair & Klock Larson Farm. Summers of 1993, 1994, & 1995.
> Worked each summer in the hayfields, earning at the top 10 percent of all balers (paid by tons baled). In 1995 I was hired as field boss and was responsible for supervising workers, paying fees, and checking for quality of work.

SKILLS AND ABILITIES
> Experienced in using a variety of farm tools and operating farm machinery. Good mastery of English. Independent reading in employee motivation and business communication.

REFERENCES
Available on request.

Rosa María Herrera
2325 Rapids Drive
Racine, Wisconsin 53406
(414) 555-8733

Objetivo	Ayudante del cocinero o del jefe de cocina
Experiencia	<u>Camarera</u>, Chi-chi's, 1994–hasta el presente

<u>Ayudante del jefe de cocina</u>, Rincón de Francia, Quito, Ecuador, 1992–1993
- Ayudé a preparar platos internacionales con especialización en la cocina francesa.
- Recibí entrenamiento en la presentación de los platos para lograr un efecto placentero.
- Mantuve limpia y ordenada la cocina.

Educación   Programa nocturno de GED para adultos, de 1994 hasta el presente
Racine Community College
Espero aprobar el examen de GED en 1995.

Cursos realizados en el programa de Continuing Education, Racine Community College: economía doméstica, nutrición, inglés como segundo idioma, administración de restaurantes.

Asistí a un taller sobre la preparación de alimentos y la seguridad en la cocina, auspiciada por el Departamento de Salud del estado.

Recomendaciones a petición del interesado.

Rosa María Herrera
2325 Rapids Drive
Racine, Wisconsin 53406
(414) 555-8733

Objective	Cook or chef's assistant
Experience	<u>Waitress</u>, Chi-chi's, 1994–present

<u>Chef's assistant</u>, Rincón de Francia, Quito, Ecuador, 1992–1993
- Assisted in the preparation of international dishes with emphasis on French cuisine.
- Received training in food presentation to achieve a pleasing effect.
- Maintained cleanliness and neatness of the kitchen.

Education   Night Program for GED for Adults, from 1994 to the present
Racine Community College
I expect to pass the GED examination in 1995.

Courses completed in the Continuing Education Program, Racine Community College: home economics, nutrition, English as a second language, restaurant administration.

Attended a workshop on food preparation and kitchen safety, sponsored by the State Health Department.

References available on request.

Diego Solís
10205 Catlin Avenue
Brookline, Massachusetts 02146
(617) 555-0116

Objetivo
Puesto de ventas en una tienda de música

Habilidades
Amplios conocimientos de la música clásica y contemporánea. Conocimientos del manejo de cajas registradoras y máquinas de oficina. Excelente dominio del inglés.

Trabajos previos

Cajero

Wendy's Hamburger Restaurant, Thayer Road, Brookline
Supervisora: Raejean Matthews (617) 255-9444
Junio de 1994 hasta el presente

Responsabilidades

Saludar a los clientes, tomar los pedidos, comunicar los pedidos a los cocineros, usar la caja registradora, manejar el pago al contado, hacer el cuadrado de los recibos al final del turno.

Empleado de oficina

Brookline High School, Oficina de los consejeros
Supervisora: Annette Jameson (617) 215-7800
Verano de 1993

Responsabilidades

Contestar los teléfonos, archivar, traducir la correspondencia a los padres hispanoparlantes, ayudar a los maestros y los estudiantes según las necesidades

Trompetista

Los Domadores del Ritmo
Director del conjunto: Guillermo Ballesteros (617) 254-6112
Desde junio de 1993 hasta el presente
Se ha contratado al conjunto para bodas, bailes escolares, festivales de verano. Repertorio variado de diversos estilos musicales.

Educación
Brookline High School, Brookline, Massachusetts
  Fecha esperada de graduación: junio de 1995
  Materias pertinentes: Conjunto de instrumentos de viento, orquesta de jazz, orquesta sinfónica, coro, teoría de música, inglés como segundo idioma, cursos comerciales.

Escuela Nacional de Música, La Habana, Cuba
  Desde 1989 hasta 1991
  Materias pertinentes: teoría de música, orquesta sinfónica.

Honores
Primer lugar en la competencia estatal de trompetistas solistas, 1994; Banda Estatal 1994; Cuadro de honor.

Se proporcionarán cartas de referencias a petición del interesado.

Diego Solís
10205 Catlin Avenue
Brookline, Massachusetts 02146
(617) 555-0116

Objective
Sales position in a music store.

Skills
Good knowledge of classical and contemporary music. Knowledge of operating cash registers and office machines. Excellent mastery of English.

Work Experience

Cashier	Wendy's Hamburger Restaurant, Thayer Road, Brookline Supervisor: Raejean Matthews (617) 255-9444 June 1994 to the present
Responsibilities	Greet customers, take orders, communicate orders to line cooks, operate cash register, handle cash, close and balance register receipts at end of shift.
Office Clerk	Brookline High School, Counselor's office Supervisor: Annette Jameson (617) 215-7800 Summer 1993
Responsibilities	Answer telephones, file, translate correspondence to Spanish-speaking parents, assist teachers and students as needed.
Trumpeter	Los Domadores del Ritmo (The Rhythm Masters) Band Director: Guillermo Ballesteros (617) 254-6112 June 1993 to the present The band has been hired to perform at weddings, school dances, summer festivals. Varied repertoire of different musical styles.

Education
Brookline High School, Brookline, Massachusetts
    Expected graduation date: June 1995
    Pertinent courses: Wind ensemble, jazz band, orchestra, choir, music theory, ESL, business courses.

Escuela Nacional de Música (National School of Music), Havana, Cuba
    1989 to 1991
    Pertinent courses: Music theory, symphony orchestra.

Honores
First place in state competition for trumpet soloists, 1994; All-State Band, 1994; Honor Roll.

References are available on request.

RAIMUNDO ENRÍQUEZ
1709 S. 29th Street
Sheboygan, Wisconsin 53082
Teléfono: 414-555-1665

OBJETIVO
Conseguir un puesto como aprendiz de mecánica
en un centro de reparaciones de autos.

EDUCACIÓN
North High School, Sheboygan, Wisconsin 53081
Fecha anticipada de graduación: 1995

ASIGNATURAS COMPLETADAS
Mecánica automotriz 1-2
Fundamentos de tecnología
Taller de metalistería
Taller de carpintería
Diseño y tecnología
Dibujo técnico
Electricidad/Electrónica
Contabilidad básica

EXPERIENCIA DE TRABAJO
Obrero dirigente, Taller de Autos de Sheboygan North, 1994–presente
(Centro de servicios automovilísticos dirigido por los estudiantes
y situado en la escuela secundaria; realizar las pruebas de diagnóstico,
calcular los costos, supervisar las reparaciones.)

Dependiente de gasolinera, Winnebago Garage, S. 17th Street,
Sheboygan, Wisconsin, agosto 1993–presente

Asistente de gasolinera, Four Towers Shell, S. 13th Street,
Sheboygan, Wisconsin, 1992–1993

ACTIVIDADES
Cuatro años de fútbol americano, Club Atlético, navegación y pesca.
Trabajo voluntario en el Centro de Servicios Sociales para Inmigrantes.

Referencias a petición de los interesados.

RAIMUNDO ENRÍQUEZ
1709 S. 29th Street
Sheboygan, Wisconsin 53082
Telephone: 414-555-1665

OBJECTIVE
Obtain position as apprentice mechanic in an auto repair center.

EDUCATION
North High School, Sheboygan, Wisconsin 53081
Expected graduation date: 1995

COURSES TAKEN
Auto Mechanics 1-2
Fundamentals of Technology
Metal Shop
Wood Shop
Design and Technology
Drafting
Electricity/Electronics
Basic Accounting

WORK EXPERIENCE
Shop Steward, Sheboygan North Auto Shop, 1994–present
(Student-run auto service center located at the high school;
run diagnostics, estimate costs, supervise repairs.)

Station Attendant, Winnebago Garage, S. 17th Street,
Sheboygan, Wisconsin, August 1993–present

Station Attendant, Four Towers Shell, S. 13th Street,
Sheboygan, Wisconsin, 1992–1993

ACTIVITIES
Four years high school football, Athletic Club, boating and fishing.
Volunteer work at the Center for Immigration Services.

References available on request.

BEATRIZ INÉS FERRER
1735 N.E. Moore
Chattanooga, Tennessee 37402
Teléfono: 615/555-3374

EDUCACIÓN
Howard High School, 2500 S. Market Street, Chattanooga
Fecha de graduación: 1995. Programa de estudios: Comercio.

HABILIDADES
Mecanografía, organización, archivo. Experiencia en utilizar computadoras IBM y Macintosh (varios programas de *software* para la preparación de textos), máquina sumadora de diez teclas, máquina franqueadora. Tengo licencia de conducir.

EXPERIENCIA DE TRABAJO
Trabajo doméstico y cuidado de niños. Sra. Jolie Chappell (de tiempo completo los veranos) y otras familias (de tiempo parcial durante el año escolar). 1989–presente.

> Cuidé a niños de varias edades. Encargada de preparar las comidas, limpiar las casas y supervisar las actividades de los niños.

Ayudante de oficina, Artes Gráficas Ferrer. 1988–presente.

> Ayudé a mis padres en la empresa familiar. Contesté los teléfonos, preparé las facturas, ayudé a revelar las fotos y serví de recepcionista.

ACTIVIDADES
Coro de la iglesia
Secretaria del Club Internacional
Comité Publicitario (Gobierno Estudiantil)
Anuario de Howard High
Orquesta Sinfónica, un año

REFERENCIAS
A petición del interesado.

BEATRIZ INÉS FERRER
1735 N.E. Moore
Chattanooga, Tennessee 37402
Telephone: 615/555-3374

EDUCATION
Howard High School, 2500 S. Market Street, Chattanooga
Graduation date: 1995. Program of studies: Business.

SKILLS
Typing, organization, filing. Experience with using IBM and Macintosh computers (various word processing software programs), ten-key adding machine, postage meter. Have valid driver's license.

WORK EXPERIENCE
Domestic work and child care. Mrs. Jolie Chappell (full-time summers) and various other families (part-time during the school year). 1989–present.

    Provide care for children of various ages. Responsible for preparing meals, cleaning the house, and supervising the children's activities.

Office assistant, Ferrer Graphic Arts. 1988–present.

    Assisted my parents in the family business. Answered telephones, prepared invoices, helped develop film, and served as receptionist.

ACTIVITIES
Church choir
Secretary of International Club
Publicity Committee (Student Government)
Howard High Yearbook
One year Symphony Orchestra

REFERENCES
Available on request.

ESTEBAN P. JARAMILLO
18445 S.W. Mirick Road
Denton, Texas 76201
817-555-4550

OBJETIVO
Conseguir empleo de tiempo parcial como carpintero en una compañía de construcción.

EDUCACIÓN
Denton Community College, 2315 Tumbleweed Lane, Denton
   Fecha de graduación: 1996
      Asignaturas pertinentes: reglamentos de seguridad, construcción de casas, electrónica, tecnología automotriz, fabricación de muebles. He aprobado todos los exámenes con las mejores calificaciones.

Denton Senior High School, 1007 Fulton Street, Denton
   Fecha de graduación: 1993
      Materias pertinentes: construcción de casas (PGE Good Sense Home), carpintería, dibujo técnico, matemáticas avanzadas, inglés como segundo idioma. Saqué buenas calificaciones en todas estas clases.

EXPERIENCIA DE TRABAJO
Trabajador para Buzz Burton (contratista independiente), Ago. de 1991–la fecha actual, siempre que haya trabajo.
      Terminé la construcción de un patio de madera, he pintado diez casas por dentro y por fuera y he ayudado a echar los cimientos de varias casas. He ayudado con la armazón de casas y la instalación del techado.

Anderson Construction, Sep. de 1991.
      Remoción de pintura y renovación de una cocina de acuerdo con las especificaciones; instalación de material aislante; jardinería ornamental.

Miembro del equipo de excavación, Morse Brothers Concrete, veranos de 1990 y 1991.
      Trabajé en el equipo de la excavación de zanjas. Manejé sierras de cadena, zanjadoras, retroexcavadoras, cargadoras y volquetes.

HABILIDADES
Buen dominio del inglés. Me llevo bien con otras personas. He construido juegos de comedor para varias familias y parientes.

Referencias a petición del interesado.

ESTEBAN P. JARAMILLO
18445 S.W. Mirick Road
Denton, Texas 76201
817-555-4550

OBJECTIVE
Obtain part-time work as a carpenter with a construction company.

EDUCACIÓN
Denton Community College, 2315 Tumbleweed Lane, Denton
Graduation date: 1996

Relevant courses: safety regulations, home construction, electronics, automotive technology, furniture manufacturing. I have placed among the top students on all examinations.

Denton Senior High School, 1007 Fulton Street, Denton
Graduation: 1993

Relevant classes: home building (PGE Good Sense Home), carpentry, drafting, advanced mathematics, English as a second language. Received good grades in all these classes.

WORK EXPERIENCE
Worker for Buzz Burton (independent contractor), Aug. 1991–present, as work is available.
Completed deck construction project, painted the interiors and exteriors of ten houses, and have assisted in laying the foundation of various homes. Have assisted with framing and roofing.

Anderson Construction, Sept. 1991.
Stripped and refitted a kitchen according to specifications; installed insulation; did landscaping.

Excavation crew member, Morse Brothers Concrete, summers during 1990 and 1991.
Worked on ditch-digging crew. Operated chain saws, trenchers, backhoes, loaders, and dump trucks.

SKILLS
Good mastery of English. I work well with other people. Have made dining room sets for various families and relatives.

References provided on request.

▲ **Claudia Elena Benítez**
1415 San Rafael Street
Santa Cruz, California 95016
Teléfono: 555-0439

▲ **Educación**
1993–presente: Santa Cruz Senior High School
1983–1987: Instituto de Danza, La Habana, Cuba

▲ **Experiencia**
Recepcionista de tiempo parcial, Dra. Hilda Alonso, Santa Cruz, 1993–presente
Entre las responsabilidades se encuentran contestar el teléfono, llamar a los pacientes para recordarles de acudir a las citas, llevar el horario de citas, ayudar con facturar a las compañías de seguros y a los pacientes, escribir a máquina y archivar.

▲ **Habilidades**
Experiencia en las responsabilidades de atender a clientes o pacientes.
Excelente mecanografía, ortografía y redacción. Escribo a 75 palabras por minuto en la computadora con WordPerfect 5.1.
Taquigrafía a 90 palabras por minuto.
Conocimientos de contabilidad.

▲ **Actividades**
Presidenta, Comité de las Fiestas Invernales
Competencias de baile de salón, división de baile latino
Comedias musicales de la escuela
Trabajo de servicio comunitario con ancianos

▲ **Referencias**
A petición del interesado.

▲ **Claudia Elena Benítez**
1415 San Rafael Street
Santa Cruz, California 95016
Telephone: 555-0439

▲ **Education**
1993–present: Santa Cruz Senior High School
1983–1987: Instituto de Danza, Havana, Cuba

▲ **Experience**
Part-time receptionist, Dr. Hilda Alonso, Santa Cruz, 1993–present
Duties include answering telephones, calling patients to remind them about appointments, scheduling appointments, assisting with billing to insurance companies and patients, typing, and filing.

▲ **Skills**
Experience with attending to customers/patients.
Excellent typing, writing, and composition. I write at 75 words per minute on the computer, using WordPerfect 5.1.
Shorthand at 90 words per minute.
Knowledge of accounting.

▲ **Activities**
Chair, Winter Festival Committee
Ballroom Dancing Competitions, Latin Division
School musicals
Community service work with senior citizens

▲ **References**
Available on request.

ANTONIA MERCEDES RUFINO
238 Orange Street
Tampa, Florida 33606
(813) 555-3953

OBJETIVO
Obtener un puesto de tiempo parcial como ayudante de estilista.

META PROFESIONAL
Conseguir empleo como estilista con un canal de televisión o una compañía de producción cinematográfica.

EXPERIENCIA
Salón de Belleza Venus, 480 Citrus Lane, Tampa, 1994–presente.
  Manicura. Ayudo con la limpieza del salón. Contesto los teléfonos.

EDUCACIÓN
Instituto de Cosmetología, 3321 Pomelo Blvd., Tampa, 1995–presente.
  Cursos pertinentes: maquillaje teatral, nutrición, pedicultura, cosmetología básica y laboratorio de cosmética. Espero recibir mi certificación en 1997.

Tampa Community College, 6623 Flambeau Way, Tampa, 1995–presente.
  Programa de GED para adultos. Espero aprobar el examen en 1996.

ACTIVIDADES Y LOGROS
Becada de Tampa Community College
Miembro, Asociación de Padres y Maestros

Recomendaciones a petición del interesado.

ANTONIA MERCEDES RUFINO
238 Orange Street
Tampa, Florida 33606
(813) 555-3953

OBJECTIVE
Obtain a part-time position as stylist's assistant.

CAREER GOAL
Obtain employment as a stylist with a television station or film production company.

EXPERIENCE
Venus Beauty Salon, 480 Citrus Lane, Tampa, 1994–present.
 Manicurist. Assist with cleaning the salon. Answer telephones.

EDUCATION
Institute of Cosmetology, 3321 Pomelo Blvd., Tampa, 1995–present.
 Pertinent courses: theatrical makeup, nutrition, pedicures, fundamentals of cosmetology,
and cosmetics lab. Expect to receive certification in 1997.

Tampa Community College, 6623 Flambeau Way, Tampa, 1995–present.
 GED Program for adults. Expect to pass examination in 1996.

ACTIVITIES AND ACHIEVEMENTS
Recipient of scholarship from Tampa Community College
Member, Parent-Teacher's Organization

References available upon request.

Leonardo C. Picó
120 Border Street
Hot Springs, Arkansas 71901
Teléfono: 501/555-7367

OBJETIVO

Puesto de verano con una compañía internacional exportadora e importadora.

EDUCACIÓN

Lakeside Senior High School, Malvern Road, Hot Springs, Arkansas
Fecha de graduación: 1995. Programa de estudios: Comercio.

Materias especializadas: contabilidad, administración, mercadeo, correspondencia comercial, economía, introducción a la estadística. Promedio de calificaciones: 3.4.

Proyectos especiales: En un ejercicio que simuló un negocio, elaboré un plan de tres años para ingresos y gastos pronosticados, desarrollo y mercadeo.

Instituto de Comercio Galván, Avenida Central, San José, Costa Rica 1988–1990

Estudios cursados: inglés comercial, contabilidad básica, teoría de administración comercial.

EXPERIENCIA

Centro de Exposiciones del Condado de Garland, Hot Springs   Obrero
Supervisor: Morgan Stewart.   Octubre de 1992 hasta la fecha.
Trabajé durante la temporada de exposiciones de verano. Entre las responsabilidades se encuentran mantenimiento de los jardines, venta de boletos, registro y control de ganado y preparación para eventos.
Banco Mercantil, San José, Costa Rica   Oficinista
Supervisor: Lic. Alfredo Londoño   1988–1989
Trabajé de jornada parcial, repartiendo y archivando documentos. Serví de mensajero para el departamento de préstamos.

ACTIVIDADES

Tesorero, Future Business Leaders of America; Traductor para la empresa familiar; Comité para recirculación de latas y botellas.

Se proveen recomendaciones a petición del interesado.

Leonardo C. Picó
120 Border Street
Hot Springs, Arkansas 71901
Telephone: 501/555-7367

OBJECTIVE

Summer internship with an international export-import company.

EDUCATION

Lakeside Senior High School, Malvern Road, Hot Springs, Arkansas
Graduation date: 1995. Program: Business.

Specialized courses: accounting, management, marketing, business English, economics, introduction to statistics. Grade point average: 3.4.

Special projects: In a simulated business, developed a three-year plan of forecasted earnings and costs, development, and marketing.

Instituto de Comercio Galván (Galván Business Institute), Avenida Central, San Jose, Costa Rica
1988–1990

Courses completed: Business English, basic accounting, theory of business management.

EXPERIENCE

Garland County Exposition Center, Hot Springs   Work Crew
Supervisor: Morgan Stewart.   October 1992 to present.
Worked during summer exhibition season. Responsibilities included grounds maintenance, ticket selling, livestock herding and registration, and event preparation.

Banco Mercantil, San José, Costa Rica   Office Worker
Supervisor: Lic. Alfredo Londoño   1988–1989
Worked part-time distributing and filing documents. Served as messenger for loan department.

ACTIVITIES

Treasurer, Future Business Leaders of America; Translator for the family business; Committee for Recycling Cans and Bottles

References are available on request.

NELLY MORALES LORETI
2248 W. Billtown Road, Departamento 16
Louisville, Kentucky 40215
502/555-7751

OBJETIVO
Un puesto de tiempo parcial como auxiliar de enfermeras en un hospital o una clínica. Tengo la meta profesional de algún día ser pediatra.

EXPERIENCIA
Voluntaria, Hospital General de Louisville   1990–la fecha
Responsabilidades: Ayudar a las enfermeras a repartir las medicinas, visitar a los pacientes, llevar materiales para leer a los pacientes, archivar.

Voluntaria, Clínica de Maternidad, Lima, Perú   1985–1987
Responsabilidades: Cuidar a los niños durante los exámenes de las madres, ayudar con los exámenes, contestar los teléfonos.

EDUCACIÓN
Universidad de Louisville, Facultad de Medicina   Clase de 1998
Rama de estudios: Salud y condición física   Promedio de calificaciones: 3.5
Estudios cursados: anatomía y fisiología, enfermería pediátrica, primeros auxilios, inglés para personal médico.

Instituto Técnico de Enfermería, Lima, Perú   1985–1987
Rama de estudios: Enfermería pediátrica
Estudios cursados: anatomía, higiene, primeros auxilios, enfermedades contagiosas, inglés.

HABILIDADES
Buen dominio del inglés.
Experiencia de trabajar con personas de todas edades.
Experiencia de intérprete y traductora (del español al inglés).
Muy trabajadora.

ACTIVIDADES
Presidenta, Comité del Currículo
Participación en varios deportes: natación, tenis, voléibol.

REFERENCIAS A PETICIÓN DEL INTERESADO.

NELLY MORALES LORETI
2248 W. Billtown Road, Apartment 16
Louisville, Kentucky 40215
502/555-7751

OBJECTIVE
A part-time position as nurse's assistant in a hospital or health care facility. My long-term professional goal is to become a pediatrician.

EXPERIENCE
Volunteer, Louisville General Hospital   1990–present
Responsibilities: Assist nurses with distribution of medication, visit with patients, deliver reading materials to patients, filing.

Volunteer, Maternity Clinic, Lima, Perú   1985–1987
Responsibilities: Provide child care during mothers' examinations, assist with examinations, answer telephones.

EDUCATION
University of Louisville, Department of Medicine   Class of 1998
Course of studies: Health and physical fitness   Grade point average: 3.5
Courses completed: anatomy and physiology, pediatric nursing, first aid, English for medical personnel.

Technical Institute of Nursing, Lima, Peru   1985–1987
Course of studies: Pediatric nursing
Courses completed: anatomy, hygiene, first aid, infectious diseases, English.

SKILLS
Good mastery of English.
Experience working with people of all ages.
Experience as interpreter and translator (from Spanish to English).
Very hardworking.

ACTIVITIES
President, Curriculum Committee
Participate in various sports: swimming, tennis, volleyball.

REFERENCES AVAILABLE ON REQUEST.

Verónica Medina del Valle

2833 Kennedy Boulevard
Jersey City, New Jersey 07305

Teléfono: (201) 555-1598
(201) 555-9877

OBJETIVO
Obtener un puesto de recepcionista en una oficina de abogados con oportunidades de ascenso a secretaria ejecutiva.

EDUCACIÓN

1995 -
Drake Secretarial College
905 Bergen Avenue
Jersey City, New Jersey 07306
Actualmente curso estudios en taquigrafía, sistemas de oficina y administración.

1990 - 1994
St. Aloysius High School
721 West Side Avenue
Jersey City, New Jersey 07306
Estudios cursados: derecho comercial, mecanografía, aplicaciones de computadoras, principios de mercadeo, contabilidad, inglés como segundo idioma, inglés comercial. Promedio de calificaciones: 3.6

EXPERIENCIA DE EMPLEO

Jun. 1993 -
Ago. 1993
Recepcionista, Fish y Asociados, Jersey City, New Jersey
Trabajé durante el verano de recepcionista. Serví de telefonista para ocho abogados, seis auxiliares de abogados, cinco secretarias ejecutivas y tres archivadores. Organicé la instalación de nuevos programas de *software* en todas las computadoras de la oficina. Preparé documentos legales según las necesidades.

Sep. 1990 -
Jun. 1994
Asistente de oficina, St. Aloysius High School
Trabajé en la oficina de la escuela, contesté los teléfonos, saludé a los invitados y ayudé a las secretarias con cualquier oficio que se ofreciera. Encargada de mantener los registros diarios de asistencia para repartición a los maestros.

HABILIDADES
Sé manejar una computadora IBM, un dictáfono, una fotocopiadora a colores y una calculadora.

ACTIVIDADES
Administradores del Futuro, Club de Mercadeo, Representante en el Concejo Estudiantil.

RECOMENDACIONES   A petición del interesado.

Verónica Medina del Valle

2833 Kennedy Boulevard
Jersey City, New Jersey 07305

Telephone: (201) 555-1598
(201) 555-9877

<u>OBJECTIVE</u>	To obtain a position as receptionist for a law office, with opportunities for advancement to a position as executive secretary.

<u>EDUCATION</u>

1995 -	Drake Secretarial College 905 Bergen Avenue Jersey City, New Jersey 07306 Currently enrolled in shorthand, office systems, and management.
1990 - 1994	St. Aloysius High School 721 West Side Avenue Jersey City, New Jersey 07306 <u>Courses of study:</u> business law, typing, computer applications, marketing principles, accounting, English as a second language, business English. Grade point average: 3.6

<u>WORK EXPERIENCE</u>

6/93 - 8/93	<u>Receptionist</u>, Fish and Associates, Jersey City, New Jersey Worked as summer replacement receptionist. Served as switchboard operator for eight lawyers, six legal assistants, five executive secretaries, and three file clerks. Organized the installation of new software programs on all office computers. Prepared legal documents as needed.
9/90 - 6/94	<u>Student Office Assistant</u>, St. Aloysius High School Worked in the high school office, answered telephones, greeted visitors, and assisted secretaries with whatever tasks needed to be done. Responsible for maintaining daily attendance records for distribution to teachers.
<u>SKILLS</u>	Able to operate an IBM computer, dictaphone, color photocopier, and adding machine.
<u>ACTIVITIES</u>	Future Managers, Marketing Club, Student Council Representative.
<u>REFERENCES</u>	On request.

JUAN C. GARCÍA
2103 AFTON STREET
TEMPLE HILL, MARYLAND 20748
RESIDENCIA: (301) 555-2419

EDUCACIÓN:

<u>Columbia University</u>, Nueva York, Nueva York
Ramas de especialización: Administración comercial, filosofía
Título esperado: Licenciatura en Letras, 1998
Promedio de calificaciones: 3.0
Becado de la Asociación de Empresas Hispanas
Becado de la Columbia University

<u>Universidad del Valle</u>, Cali, Colombia
Facultad de Filosofía, 1991–1992
Estudios pertinentes: inglés, alemán, filosofía del siglo XX, teoría económica.

EXPERIENCIA:

9/94–5/95

Graduate Business Library, Columbia University, NY
Auxiliar de bibliotecario: Responsabilidades generales de biblioteca. Registré los datos de los estudiantes nuevos y los libros nuevos en la computadora. Preparé documentos en microfiche. Redacté el boletín de nuevos ejemplares en español.

3/93–8/94

Payco Collections, Temple Hill, MD
Cobrador: Responsabilidades generales del departamento de cuentas por cobrar. Cobré cuentas atrasadas. Arreglé facilidades de pago. Me encargué de la comunicación con clientes hispanoparlantes.

7/92–3/93

Barns International Security Service, Temple Hill, MD
Oficinista: Responsabilidades generales de oficina. Preparé los horarios de trabajo semanales. Llevé los archivos del personal. Contesté los teléfonos.

HABILIDADES:

Excelente dominio del inglés. Actualmente curso estudios de alemán. Puedo programar en BASIC. Excelentes destrezas de investigación.

REFERENCIAS:

A petición del interesado.

JUAN C. GARCÍA
2103 AFTON STREET
TEMPLE HILL, MARYLAND 20748
HOME: (301) 555-2419

EDUCATION: <u>Columbia University</u>, New York, New York
Majors: Business, Philosophy
Degree expected: Bachelor of Arts, 1998
Grade point average: 3.0
Association of Hispanic Businesses Scholarship recipient
Columbia University Scholarship recipient

<u>Universidad del Valle</u>, Cali, Colombia
Department of Philosophy, 1991–1992
Relevant studies: English, German, Twentieth-Century Philosophy, Theory of Economics.

EXPERIENCE:

9/94–5/95   Graduate Business Library, Columbia University, NY
Library assistant: General library duties. Entered new students and books on computer files. Prepared microfiche documents. Edited bulletin of new titles in Spanish.

3/93–8/94   Payco Collections, Temple Hill, MD
Bill collector: General accounts receivable duties. Collected past-due accounts. Arranged payment schedules. Handled correspondence with Spanish-speaking clients.

7/92–3/93   Barns International Security Service, Temple Hill, MD
Office clerk: General office duties. Prepared weekly work schedules. Maintained personnel files. Answered telephones.

ABILITIES: Excellent mastery of English. Currently studying German. Can program in BASIC. Excellent research skills.

REFERENCES: Available on request.

Jorge Linares
1711 N. Gurman Avenue
Atlantic City, New Jersey 02110
609/555-8971

META PROFESIONAL: Administración de restaurantes

EXPERIENCIA:
Servicios alimenticios
• Supervisé a ocho empleados de cocina.
• Hice contratos con un servicio de comidas preparadas.
• Entrevisté, contraté y entrené a meseros/estudiantes.
• Proveí comidas preparadas para banquetes.
• He trabajado como limpiamesas y camarero.

Administración
• Hice pedidos y llevé el inventario de alimentos y bebidas para un comedor universitario.
• Elaboré el presupuesto y llevé las cuentas.
• Organicé los horarios de trabajo de los estudiantes.
• Administré las compras, los libros de contabilidad y la planilla de pagos.

Preparación de comida
• Ayudé en la preparación de las comidas para 90 niños y adultos en un campamento de verano.
• Planifiqué las comidas para 250 estudiantes.

HISTORIAL DE TRABAJO:
Szabo Food Service/Jersey College, Atlantic City, New Jersey
Director de servicios alimenticios, 1995 hasta hoy

Jersey College, Atlantic City, New Jersey
Auxiliar del director del comedor, 1994 – 1995

North Shore Children's Camp, Skokie, Illinois
Director del comedor, Veranos de 1993 y 1994

El Jardín del Sol, Atlantic City, New Jersey
Camarero, 1992

El Zorrito, Acapulco, México
Limpiamesas, Camarero, 1990 – 1991

EDUCACIÓN:
Jersey College, Atlantic City, New Jersey
Licenciatura en Administración de Empresas, título esperado en junio de 1995

Referencias a petición del interesado.

Jorge Linares
1711 N. Gurman Avenue
Atlantic City, New Jersey 02110
609/555-8971

CAREER OBJECTIVE: Restaurant Administration

EXPERIENCE:
Food Service
• Supervised kitchen staff of eight.
• Conducted business with a local catering service.
• Interviewed, hired, and trained student waiters.
• Catered banquets.
• Worked as busboy and waiter.

Management
• Ordered and maintained inventory of all food and beverages for a college dining hall.
• Planned budget and maintained accounts.
• Organized work schedules for student workers.
• Managed purchasing, bookkeeping, and payroll.

Food Preparation
• Assisted in the preparation of meals for 90 children and adults at a summer camp.
• Planned meals for 250 resident students.

WORK HISTORY:
Szabo Food Service/Jersey College, Atlantic City, NJ
Food Service Director, 1995 – present

Jersey College, Atlantic City, NJ
Assistant Cafeteria Director, 1994 – 1995

North Shore Children's Camp, Skokie, IL
Dining Hall Director, Summers of 1993, 1994

El Jardín del Sol, Atlantic City, NJ
Waiter, 1992

El Zorrito, Acapulco, México
Busboy, Waiter, 1990 – 1991

EDUCATION:
Jersey College, Atlantic City, NJ
B.S. in Business, expected June 1995

References furnished on request.

Gabriel Serrano
222 Handlebar Ave.
Amarillo, Texas 78811
806/555-8280

OBJETIVO: Maquinista

EDUCACIÓN: INSTITUTO TÉCNICO DE AMARILLO, Amarillo, Texas
                   Técnico en Mecánica, junio de 1995
                   <u>Materias:</u>
                   Mecánica
                   Fundamentos de metalurgía
                   Dibujo técnico
                   Fabricación básica
                   Matemáticas técnicas
                   Soldadura
                   Introducción al control numérico
                   Inglés

                   INSTITUTO TÉCNICO DE AMARILLO, Amarillo, Texas
                   Aprobé el examen de GED, junio de 1993

HABILIDADES: Operación de perforadoras, tornos, trituradoras y laminadoras.

EXPERIENCIA: Compañía Empacadora Fargo, Plainview, Texas
                   Trabajador de mantenimiento, 1990 – 1995
                   Encargado de reparar y mantener los vehículos y la maquinaria de la
                   compañía. Estacioné y manejé los camiones de la compañía.

REFERENCIAS: A petición del interesado.

Gabriel Serrano
222 Handlebar Ave.
Amarillo, Texas 78811
806/555-8280

OBJECTIVE: Machinist

EDUCATION: AMARILLO TECHNICAL COLLEGE, Amarillo, Texas
A.S. Degree in Machine Shop, June 1995
Coursework:
Machine Shop
Fundamentals of Metallurgy
Drafting
Basics of Manufacturing
Technical Math
Welding
Introduction to Numerical Control
English

AMARILLO TECHNICAL COLLEGE, Amarillo, Texas
Received GED certificate, June 1993

SKILLS: Operation of drill presses, lathes, grinders, mills.

EXPERIENCE: Fargo Packing Company, Plainview, Texas
Maintenance worker, 1990 – 1995
Handled maintenance and light repair of company vehicles and heavy machinery. Parked and operated company trucks.

REFERENCES: Available on request.

Claudia Pérez
4742 N. Lawndale
Chicago, Illinois 60625
312/555-2574

Objetivo

Asistente social en la rama de niños.

Educación

Universidad de Illinois, Champaign, Illinois
Licenciatura en Trabajo Social, 1994
Rama secundaria de estudios: Psicología

Oakton Community College, Des Plaines, Illinois
Certificado de GED, 1990
Cursé estudios de equivalencia de la escuela superior y estudios intensivos del inglés.

Experiencia pertinente de empleo

Association House, Chicago, Illinois
Trabajadora social, 1994 hasta hoy
Proporcioné servicios sociales a niños, padres de familia y padres adoptivos en la región metropolitana de Chicago. Realicé visitas y entrevistas a padres adoptivos para determinar elegibilidad. Escribí informes de los casos particulares.

Asociaciones

Asociación de Asistentes Sociales de Illinois
Asociación Nacional de Trabajadores Sociales

Recomendaciones

Enviadas a petición del interesado.

Claudia Pérez
4742 N. Lawndale
Chicago, Illinois 60625
312/555-2574

Objective

Children's Caseworker

Education

University of Illinois, Champaign, IL
B.S. in Social Work, 1994
Minor: Psychology

Oakton Community College, Des Plaines, Illinois
GED Certificate, 1990
Completed high school equivalency studies and intensive coursework in English.

Relevant Work Experience

Association House, Chicago, Illinois
Social Worker, 1994 to the present
Provided social services to children, parents, and foster parents in the Chicago area. Completed home visits and interviews to determine eligibility of prospective foster parents. Wrote case reports.

Memberships

Illinois Association of Social Workers
National Caseworkers Association

References

Submitted upon request.

PATRICIA COLÓN
4444 24th Street
Los Angeles, California 91809
213-555-3411

OBJETIVO: Puesto de administración en un departamento de personal

EDUCACIÓN:

INSTITUTO DE ADMINISTRACIÓN DE PERSONAL
Lorminon College, Dallas, Texas
Verano de 1993

UNIVERSIDAD DE CALIFORNIA EN BERKELEY
Licenciatura en Economía, 1993

UNIVERSIDAD DE CALIFORNIA EN LOS ANGELES, 1994–1995
Cursos posgraduados en psicología, administración del personal, motivación de empleados, realización de evaluaciones del personal.

HONORES:

Premio del Decano del Instituto de Administración de Personal, 1993
UCSB Beca de Economía, 1991–1992
Sociedad Honoraria de Gamma Kappa Phi, 1992–1993

HISTORIAL DE TRABAJO:

WOODBINE Y ASOCIADOS, Los Angeles, California
Especialista en planilla de pagos, 1994–presente

Determinar el sistema de clasificación de empleos. Evaluar los puestos. Mantener el presupuesto para empleados. Realizar evaluaciones del desempeño del personal. Determinar aumentos y ajustes a los sueldos. Escribir las descripciones de los puestos. Coordinar las encuestas de remuneración. Reunir los datos sobre las vacaciones, días de ausencia por enfermedad o permiso.

REFERENCIAS:

A petición del interesado.

PATRICIA COLÓN
4444 24th Street
Los Angeles, California 91809
213-555-3411

OBJECTIVE: A management position in personnel administration

EDUCATION:

PERSONNEL MANAGEMENT INSTITUTE
Lorminon College, Dallas, TX
Summer 1993

UNIVERSITY OF CALIFORNIA AT BERKELEY
Bachelor's Degree in Economics, 1993

UNIVERSITY OF CALIFORNIA AT LOS ANGELES, 1994–1995
Postgraduate courses in psychology, personnel administration, employee motivation, administration of employee performance appraisals.

HONORS:

Personnel Management Institute Dean's Award, 1993
UCSB Economics Scholarship, 1991–1992
Gamma Kappa Phi Honorary Society, 1992–1993

WORK HISTORY:

WOODBINE & ASSOCIATES, Los Angeles, CA
Payroll specialist, 1994–present

Determine job grading system. Evaluate jobs. Maintain employee budget. Conduct performance appraisals. Decide wage increases and adjustments. Write job descriptions. Coordinate compensation surveys. Gather data on vacations, sick leave, and leaves of absence.

REFERENCES:

Available upon request.

BETINA CARRANZA
66 OVERLAND AVE. * TOLEDO, OHIO 43601 * 419/555-3600 * 419/555-3318

META PROFESIONAL: Auxiliar de médico

EDUCACIÓN:

<u>Anderson Community College</u>, Toledo, Ohio
Programa de auxiliares de médicos
Certificación, 1995

<u>Centro Boliviano-Americano</u>, La Paz, Bolivia
Cursé estudios de inglés, 1987 – 1989

**HABILIDADES Y
LOGROS:**

—He preparado a los pacientes para exámenes y radiografías.
—He realizado procedimientos rutinarios de laboratorio.
—He entrevistado a los pacientes.
—He ayudado con los exámenes médicos y las cirugías sencillas.
—He esterilizado el instrumental.
—He organizado los archivos médicos.

EXPERIENCIA:

<u>Toledo Hospital</u>, Toledo, Ohio
Puesto de interna, 1994 – 1995

<u>Clínica Simón Bolívar</u>, La Paz, Bolivia
Recepcionista, 1988 – 1989

ASOCIACIONES: Asociación Americana de Auxiliares de Médicos

REFERENCIAS: Proporcionadas a petición del interesado.

BETINA CARRANZA
66 OVERLAND AVE. * TOLEDO, OHIO 43601 * 419/555-3600 * 419/555-3318

CAREER GOAL:	Medical Assistant
EDUCATION:	Anderson Community College, Toledo, OH Medical Assistant Program Certificate, 1995 Centro Boliviano-Americano, La Paz, Bolivia Completed courses in English, 1987 – 1989
SKILLS AND ACCOMPLISHMENTS:	—Prepared patients for examinations and X-rays. —Handled routine lab procedures. —Interviewed patients. —Assisted with medical examinations and minor surgery. —Sterilized instruments. —Organized medical records.
EXPERIENCE:	Toledo Hospital, Toledo, OH Internship, 1994 – 1995 Clínica Simón Bolívar, La Paz, Bolivia Receptionist, 1988 – 1989
MEMBERSHIPS:	American Association of Medical Assistants
REFERENCES:	Submitted upon request.

TOMÁS FLORES
602 S. TEXAS AVE.
OAKLAND, CALIFORNIA 99999
415/555-3168

OBJETIVO DE EMPLEO: Un puesto en la administración de un hotel

EDUCACIÓN:
International School of Business, San Francisco, California
2/94 hasta la fecha
Área de concentración: Administración de Hoteles

Eastern Illinois University, Alton, Illinois
Matriculado 1988 – 1990
Área de concentración: Administración de empresas

World Travel Institute, Sacramento, California
1987 – 1988
Certificado, Agente de viajes

EXPERIENCIA DE TRABAJO:
Reddman, Inc., Oakland, California
Gerente/Agente de ventas, 11/93 hasta la fecha
Administré empresa independiente de ollas y sartenes. Las he vendido al por mayor y al por menor. He negociado los precios con clientes. Realicé el manejo de las finanzas y la contabilidad.

Joyería Sacramento, Sacramento, California
Gerente, 1/92 – 11/93
Administré una joyería al por menor. Supervisé todos los asuntos de ventas, compras y contabilidad. Supervisé a dos empleados.

Agencia de Viajes Cárdenas, Los Angeles, California
Agente de viajes, 1990 – 1992
Vendí boletos de aerolíneas y paquetes turísticos. Aconsejé a los clientes. Preparé los informes de ARC para las compañías de aviación.

Excursiones de Atitlán, Panajachel, Guatemala
Guía turístico, 1985 – 1986
Conduje excursiones a los volcanes y pueblos indígenas alrededor del lago de Atitlán. Aconsejé y ayudé a los turistas norteamericanos.

Referencias a petición del interesado.

TOMÁS FLORES
602 S. TEXAS AVE.
OAKLAND, CA 99999
415/555-3168

JOB OBJECTIVE: A position in hotel management

EDUCATION:
International School of Business, San Francisco, CA
2/94 – present
Major: Hotel Management

Eastern Illinois University, Alton, IL
Enrolled 1988 – 1990
Major: Business Administration

World Travel Institute, Sacramento, CA
1987 – 1988
Certificate, Travel Consultant

WORK EXPERIENCE:
Reddman, Inc., Oakland, CA
Manager/Salesman, 11/93 – present
Managed own cookware business. Sold cookware at wholesale and retail levels. Negotiated prices with customers. Handled all finances and bookkeeping.

Sacramento Jewelry, Sacramento, CA
Manager, 1/92 – 11/93
Managed a retail jewelry store. Oversaw all aspects of sales, purchasing, and bookkeeping. Supervised two employees.

Cárdenas Travel Agency, Los Angeles, CA
Travel Consultant, 1990 – 1992
Sold airline tickets and tour packages. Advised customers. Prepared ARC reports to airline corporations.

Excursiones de Atitlán, Panajachel, Guatemala
Tour Guide, 1985 – 1986
Conducted day trips to volcanos and villages around Lake Atitlán. Advised and assisted North American tourists.

References available on request.

MARIO LUIS TORRES
600 W. Porter St., #5
Las Vegas, Nevada 89890
702/555-3893

EDUCACIÓN
<u>Universidad de Nevada</u>, Las Vegas, Nevada
Licenciatura en Comunicaciones
Título esperado en junio de 1995

HONORES
Cuatro semestres en el cuadro del decano
Becado de Dornburn Scholarship
UNLV Premio en Comunicaciones

ACTIVIDADES
Presidente, Asociación de Kappa Beta
Comité de Bienvenidos a los nuevos ingresados
Comité de Planificación de Homecoming
Capitán, Equipo de tenis

EXPERIENCIA DE TRABAJO
<u>Porter Rand y Asociados</u>, Seattle, Washington
Puesto temporal de publicidad, 1994
Ayudé al departamento de ventas con investigaciones, compilaciones de estadísticas demográficas, pronósticos de ventas, promociones e identificación de nuevos clientes.

<u>Universidad de Nevada</u>, Las Vegas, Nevada
Auxiliar de oficina/investigaciones, 1992 – 1993
Investigué y reuní datos e información para los profesores de la facultad. Ordené el sistema de archivos y la biblioteca del supervisor. Organicé el inventario de la facultad.

HABILIDADES ESPECIALES
Experiencia en utilizar las computadoras de IBM y APPLE y los programas de *software* de WORDSTAR y dBASE III. Bilingüe en inglés y español.

Se proporcionan referencias.

MARIO LUIS TORRES
600 W. Porter St., #5
Las Vegas, Nevada 89890
702/555-3893

EDUCATION
<u>University of Nevada</u>, Las Vegas, NV
Bachelor of Arts in Communications
Expected June of 1995

HONORS
Dean's List four semesters
Dornburn Scholarship
UNLV Communications Award

ACTIVITIES
President, Kappa Beta Fraternity
New Student Week Committee
Homecoming Planning Committee
Captain, Tennis Team

WORK EXPERIENCE
<u>Porter Rand & Associates</u>, Seattle, WA
Advertising Intern, 1994
Assisted sales staff in the areas of research, compilation of demographic statistics, sales forecasts, promotions, and identification of new customers.

<u>University of Nevada</u>, Las Vegas, NV
Research/Office Assistant, 1992 – 1993
Researched and compiled data and information for department professors. Arranged filing system and supervisor's library. Organized department inventory.

SPECIAL SKILLS
Experience using IBM and APPLE computers and WORDSTAR and dBASE III software programs. Bilingual in English and Spanish.

References available.

TATIANA ALEJANDRA GUEVARA
17 Dinge Road
Terre Haute, Indiana 52211
317/555-1331
317/555-2339

OBJETIVO: Un puesto en el campo de ingeniería eléctrica con especialización en circuitos integrados.

EDUCACIÓN: Licenciatura en Ingeniería Eléctrica, 1995
Rose-Holman University, Terre Haute, Indiana
Promedio de calificaciones: 3.75
Graduada con honores.

Estudios pertinentes
Circuitos de comunicación
Conductores electromagnéticos
Teoría y diseño de antenas
Electrónica
Teoría básica de circuitos
Electrometría
Análisis numérico
Laboratorio de electromagnetismo

GED, 1990, Louisville Vocational Institute

Instituto Técnico, México, D. F., 1987 – 1989
Cursé dos años de estudios en ingeniería eléctrica.

HABILIDADES: Métodos matemáticos en sistemas de ecuaciones algebraicas, transcendentes y diferenciales. Experiencia en reparar aparatos electrodomésticos.

EXPERIENCIA: Empleada general, Conexiones (Connections), Terre Haute
1993 – 1995 (de tiempo parcial durante el año escolar y de tiempo completo durante los veranos)
Ayudé a reparar los aparatos electrodomésticos y hacer el inventario, contesté los teléfonos, llevé los archivos, atendí a los clientes de habla española.

ACTIVIDADES: Miembro de IEEE
Miembro del Club de Electrónica

REFERENCIAS: A petición del interesado.

TATIANA ALEJANDRA GUEVARA
17 Dinge Road
Terre Haute, IN 52211
317/555-1331
317/555-2339

OBJECTIVE: A position in the field of electrical engineering with specialization in integrated circuits.

EDUCATION: B.S. in Electrical Engineering, 1995
Rose-Holman University, Terre Haute, IN
Grade point average: 3.75
Graduated with honors.

Selected Coursework
Communication Circuits
Electromagnetic Conductors
Antenna Theory and Design
Electronics
Basic Circuit Theory
Electrometry
Numerical Analysis
Electromagnetics Laboratory

GED, 1990, Louisville Vocational Institute

Instituto Técnico, Mexico City, 1987 – 1989
Completed two years of study in electrical engineering.

SKILLS: Numerical methods in algebraic, transcendental, and differential equations.
Experience in repairing household appliances.

EXPERIENCE: General employee, Connections, Terre Haute
1993 – 1995 (part-time during the school year; full-time during summers)
Assisted in repairing household appliances and in taking inventory.
Answered telephones. Maintained files. Attended Spanish-speaking customers.

ACTIVITIES: Member of IEEE
Member of Electronics Club

REFERENCES: Available upon request.

DAVID EDUARDO PAZ Y PELAYO
10001 W. Edina Avenue
Edina, Minnesota 53989
612/555-5453

META PROFESIONAL

Un puesto de artista en una agencia de publicidad de tamaño pequeño o mediano, con oportunidades de superación.

EDUCACIÓN

Universidad de Minnesota, St. Paul, Minnesota
Licenciatura en Arte Comercial, esperada en 1995

Academia de Arte Comercial, Panamá, 1986 – 1988
Cursé estudios en dibujo, pintura, historia de las bellas artes, teoría de colores. Participé en varias exposiciones de arte y contribuí a la revista estudiantil.

EXPERIENCIA

Minneapolis Magazine, Minneapolis, Minnesota
Asistente de Arte, Veranos de 1990 hasta la fecha
Realicé dibujos para los anuncios clasificados, diapositivas y materiales de publicidad. Obtuve experiencia en dibujo por computadora.

Universidad de Minnesota, St. Paul, Minnesota
Director de Arte, Daily Gopher (periódico estudiantil), 1994 – 1995
Supervisé todos los aspectos artísticos del diseño y preparación de arte. Administré el presupuesto de arte. Entrené a los nuevos empleados.

Tintorería García, Chicago, Illinois
Dependiente de mostrador, 1989 – 1990
Trabajo de tiempo parcial mientras cursé estudios intensivos de inglés y obtuve el certificado de GED.

SEMINARIOS

Taller de Dibujo, Instituto de Arte de Chicago, 1993
Seminario de Diseño del Medio Oeste, St. Paul, 1992

Referencias a petición del interesado.

DAVID EDUARDO PAZ Y PELAYO
10001 W. Edina Avenue
Edina, MN 53989
612/555-5453

CAREER OBJECTIVE
A position as artist in a small to medium advertising agency, with opportunities for advancement.

EDUCATION
University of Minnesota, St. Paul, MN
B.A. in Commercial Art, expected 1995

Academia de Arte Comercial (Academy of Commercial Art), Panama, 1986 – 1988
Completed courses in drawing, painting, history of fine arts, theory of colors. Participated in various art exhibitions and contributed to the student magazine.

EXPERIENCE
Minneapolis Magazine, Minneapolis, MN
Art Assistant, Summers from 1990 – present
Produced line drawings for the magazine's classified ads, slides, and promotional materials. Obtained experience in drawing on the computer.

University of Minnesota, St. Paul, MN
Art Director, Daily Gopher, 1994 – 1995
Supervised all aspects of art from design to pre-press production. Managed art budget. Trained new student employees.

Tintorería García (Garcia's Dry Cleaners), Chicago, IL
Counter Clerk, 1989 – 1990
Part-time work while I completed intensive English courses and obtained my GED certificate.

SEMINARS
Illustration Workshop, Art Institute of Chicago, 1993
Midwest Design Seminar, St. Paul, 1992

References available.

Guadalupe Escobedo / Apartado Postal 12597 / Iowa City, Iowa 52240 / (319) 555-2243

Objetivo

Continuar trabajando con gente joven en un puesto de consejera vocacional en un programa dirigido a ayudar a jóvenes con pocos recursos para superarse.

Experiencia

Contraté y entrené a trabajadores para varios puestos en una compañía procesadora de alimentos.

Supervisé a trabajadores adolescentes en un restaurante de servicio rápido.

Serví de coordinadora voluntaria de una feria anual de carreras para estudiantes de secundaria. Colaboré con comerciantes, profesionales y empleadores para desarrollar un programa dirigido a los estudiantes de secundaria para planificar y prepararse para el mundo del trabajo.

Ayudé en los programas de verano de campamento y al aire libre para un distrito escolar local. Di las clases de tejido en uno de los campamentos.

Serví de presidenta de la Asociación de Padres y Maestros.

Habilidades

Capacidad para trabajar bien con una gran diversidad de personas. Conocimientos de procedimientos de entrenamiento y contratación.

Amplios conocimientos de los requisitos de trabajo y las habilidades de trabajadores adolescentes.

Conocimiento de las necesidades de los contratistas de un mercado de empleo local. Habilidad para aconsejar a los estudiantes en cuanto a los requisitos y las oportunidades de trabajo. Buenas relaciones con gente del mundo laboral que podrían ser valiosas para los jóvenes que busquen oportunidades de empleo.

Experiencia con niños y jóvenes de todas las edades, desde alumnos de primaria hasta estudiantes de secundaria que trabajaron como consejeros del campamento.

Capacidad para trabajar con los padres para solucionar problemas.

Historial de empleo

Directora de Personal y Entrenamiento, Food-Pac Corporation, Iowa City, Iowa
Desde 1988 hasta la fecha actual
Encargada de contratar y entrenar a los trabajadores de línea y a los supervisores de turno en una compañía procesadora de alimentos. Colaboro con agencias de empleo locales y consejeros de escuelas secundarias y colegios técnicos para encontrar a individuos competentes para tareas especializadas. Realizo evaluaciones del personal. Elaboré un sistema de informes para determinar la productividad e inauguré un programa de premiar a los trabajadores más productivos.

Gerente, Burger King Corporation, Tienda No. 1252
1978 – 1988
Contraté y entrené a trabajadores tanto adolescentes como mayores de edad para los puestos de cocineros y cajeros. Supervisé los informes de ventas. Establecí los horarios de trabajo de más de 20 empleados. Realicé las evaluaciones del personal.

Experiencia relacionada como voluntaria

Presidenta, Asociación de Padres y Maestros de West High School
Coordinadora, Feria de Carreras del Distrito Escolar West
Instructora/Consejera, Campamento Arrawanna
Entrenadora, Programa de Fútbol de Niños y Niñas

Referencias a petición del interesado.

Guadalupe Escobedo / P.O. Box 12597 / Iowa City, Iowa 52240 / (319) 555-2243

Objective
To continue my work with young people in a position as a vocational counselor in a program involved with helping at-risk or disadvantaged youth.

Experience	Skills
Hired and trained workers in a variety of positions with a food processing company.	Ability to work well with a wide range of people. Knowledge of job training and hiring procedures.
Supervised high school-age workers in a quick-service restaurant.	Good understanding of work requirements and abilities of adolescent workers.
Served as volunteer coordinator of annual jobs fair for high school students. Worked with businesspeople, professionals, and employers to develop program directed to high school students for career planning and preparation.	Understanding of employer needs and expectations in local job market. Ability to counsel students on job demands and opportunities. Established good relationships with people in the work world that could be invaluable to young people seeking job opportunities.
Assisted with summer camp and outdoor school programs for local school district. Taught weaving at one campsite.	Experience with children of all ages, from elementary student campers to the high school students who worked as camp counselors.
Served as president of the Parent-Teacher Association.	Ability to work with parents to solve problems.

Employment History
Employment and Training Manager, Food-Pac Corporation, Iowa City, Iowa
1988 – present
Responsible for hiring and training line workers and shift supervisors in food processing company. Work with local employment agencies and high school and college counselors to find qualified individuals for specialty assignments. Handle employee performance evaluations. Developed reporting system to monitor productivity and established reward program for most productive employees.

Manager, Burger King Corporation, Store No. 1252
1978 – 1988
Hired and trained both high school and older workers for food preparation and cashier positions. Monitored sales reports. Established work schedules of more than 20 employees. Conducted employee performance reviews.

Related Volunteer Experience
President, West High School PTA
Coordinator, West School District Jobs Fair
Instructor/Counselor, Camp Arrawanna
Coach, Boys & Girls Club Soccer Program

References available upon request.

Eugenia Bergman
884 N.W. 12th Avenue
Fort Worth, Texas 76109
(214) 555-1985 (Día)
(817) 555-9712 (Noche, sábado y domingo)

Resumen de competencia

Administradora ejecutiva general con 15 años de experiencia en ventas corporativas, mercadeo, servicio al consumidor, desarrollo y distribución.

Experiencia

DaMark-Dolin America Corporation   1980–1995

Una corporación del sector público de Fortune 500 con ingresos de $640 millones en servicio a la industria de cosméticos.

VICE-PRESIDENTA EJECUTIVA   Dallas, Texas 1991–1995

Catálogos y División Comercial. Encargada de ventas, mercadeo, relaciones públicas y distribución en una operación de dos plantas con más de $180 millones en ventas. Convertí a dos compañías adquiridas en la segunda división en tamaño de la corporación. Eliminé $325,000 en gastos duplicados. Diseñé la estrategia de mercadeo nacional que resultó en un aumento de ventas del 15 por ciento. Inicié un aumento del 30 por ciento en ventas a empresas nuevas al aumentar y mejorar la producción de productos. Aumenté las ganancias en un margen del 23 por ciento en un año al extender y ampliar la base de clientela y controlar los precios. Mejoré el control de calidad y la productividad al reorganizar los departamentos y centralizar las funciones de la administración.

DIRECTORA CORPORATIVA Y VICE-PRESIDENTA   Houston, Texas 1987–1991

División de Administración Corporativa. Dirigí la adquisición estratégica, el desarrollo comercial, el mercadeo y la administración de nuevas subsidiarias. Administré los gastos principales, los planes comerciales y los programas de incentivos para doce unidades de la corporación. Formulé la misión corporativa e inicié el plan estratégico de largo plazo, el cual condujo a la supervisión de decisiones para reestructurar la compañía. Realicé varias adquisiciones y desposeimientos estratégicos que aumentaron el margen de ganancias aproximadamente en un 18 por ciento.

DIRECTORA DEL DESARROLLO CORPORATIVO   Houston, Texas 1980–1987

División de Administración Corporativa. Encabecé la diversificación del diseño del producto durante cuatro años, que resultó en el primer triunfo comercial de la compañía en la industria farmacéutica. Supervisé todos los nuevos desarrollos, incluso los de adquisiciones y nuevas tecnologías. Supervisé el desarrollo de una nueva línea de lociones medicinales al adquirir la compañía Soltero, Inc. Inicié mejoras en la productividad de la planta de un 15 por ciento.

Primeros puestos administrativos   1972–1980

Administración de operaciones, WemCo Inc., Houston, Texas
Supervisora de Módulos de Diseño, Patterson Corporation, Houston, Texas
Supervisora de Personal Minoritario, Patterson Corporation, Houston, Texas

Educación

Universidad del Estado de Louisiana, Maestría en Ingeniería Química y Administración de Empresas, 1980
Universidad de Montana, Licenciatura en Ingeniería Mecánica, 1971

Recomendaciones a petición del interesado.

Eugenia Bergman
884 N.W. 12th Avenue
Fort Worth, Texas 76109
(214) 555-1985 (D)
(817) 555-9712 (E/W)

Summary of Qualifications

General management executive with 15 years experience in corporate sales, marketing, customer service, development, and distribution.

Experience

DaMark-Dolin America Corporation   1980–1995

A $640 million Fortune 500 public corporation serving the cosmetics industry.

EXECUTIVE VICE-PRESIDENT   Dallas, Texas 1991–1995

Catalog and Commercial Division. Directed sales, marketing, customer relations, and distribution for a two-plant, $180 million sales operation. Converted two acquired companies into the second-largest corporate division. Eliminated $325,000 in duplicate costs. Designed national marketing strategy that produced a 15 percent sales increase. Generated a 30 percent increase in new-business sales by expanding and improving product production. Increased profits by a margin of 23 percent in one year by enlarging the client base and controlling prices. Improved quality control and productivity by reorganizing departments and centralizing administrative support functions.

CORPORATE OFFICER AND VICE-PRESIDENT   Houston, Texas 1987–1991

Corporate Management Division. Directed strategic acquisition, business development, marketing, and administration of new subsidiaries. Managed major expenditures, business plans, and incentive programs for twelve business units. Formulated corporate mission and established long-range strategic plan, which led to supervision of major restructuring decisions. Completed several acquisitions and strategic divestitures that expanded the corporate profit margin approximately 18 percent.

DIRECTOR OF CORPORATE DEVELOPMENT   Houston, Texas 1980–1987

Corporate Management Division. Spearheaded four years of product design diversification, resulting in the corporation's first major market breakthrough in the pharmaceutical industry. Managed all new developments, including acquisitions and new technologies. Directed the development of a new manufacturing line of medicinal lotions through acquisition of Soltero, Inc. Improved plant productivity by 15 percent.

Early Career Positions   1972–1980

Operations Management, WemCo Inc., Houston, Texas
Design Module Leader, Patterson Corporation, Houston, Texas
Minority Personnel Supervisor, Patterson Corporation, Houston, Texas

Education

Louisiana State University, M.S., Chemical Engineering & Business, 1980
University of Montana, B.S., Mechanical Engineering, 1971

References available on request.

Raúl Villa Zapata
3892 Barbary Road
Sacramento, California 95813
916-555-9283

OBJETIVO:
Comprador/Administrador de una librería independiente

EDUCACIÓN:

1970	Maestría en Ciencias Bibliotecarias	Universidad de Washington, Seattle
1965	Licenciatura en Literatura	Universidad de Chile, Santiago

EXPERIENCIA PROFESIONAL:

1980–
presente

Director, Servicios de medios de comunicación
Distrito Escolar de West Sacramento
Administro los servicios bibliotecarios de veinte escuelas primarias,
intermedias y secundarias en el distrito. Superviso a diez profesionales y tres
auxiliares. Diseñé el centro de comunicaciones de la biblioteca de la escuela
secundaria que consiste en 50,000 materiales.

1975–1979

Bibliotecario administrador
Biblioteca de la Escuela Berryman, Sacramento, California
Administré las adquisiciones y operaciones de esta biblioteca escolar que
prestaba servicio a 1,200 alumnos y 95 profesionales. Supervisé a cinco
auxiliares.

1970–1975

Director de adquisiciones
Biblioteca Regional de Timberland, Olympia, Washington
Serví de director de adquisiciones para esta sucursal regional de bibliotecas.

1967–1970

Maestro: español, literatura y composición
Academia de Santa María, Olympia, Washington
Di clases de español, literatura (en español y en inglés) y composición (en
inglés) en esta escuela privada.

1962–1965

Vendedor de libros
Librería Multicultural, Santiago, Chile
Realicé trabajo de jornada parcial mientras cursaba estudios en la
Universidad de Chile. Las responsabilidades consistían en vender libros,
encargarse del almacén de libros, ayudar a los clientes con pedidos
especiales y aceptar envíos.

REFERENCIAS A PETICIÓN DEL INTERESADO.

Raúl Villa Zapata
3892 Barbary Road
Sacramento, California 95813
916-555-9283

OBJECTIVE:

Buyer/Manager for an independent bookstore

EDUCATION:

1970	M.L.S.	University of Washington, Seattle
1965	B.A., Literature	University of Chile, Santiago

PROFESSIONAL EXPERIENCE:

1980–present	*Director, Media Services* West Sacramento School District Direct the library services of twenty elementary, middle, and high schools in the district. Supervise ten professionals and three paraprofessionals. Designed the high school library media center of 50,000 print and nonprint items.
1975–1979	*Head Librarian* Berryman School Library, Sacramento, California Directed the acquisitions and functioning of this school library, servicing 1,200 students and 95 professionals. Supervised five paraprofessionals.
1970–1975	*Acquisitions Librarian* Timberland Regional Library, Olympia, Washington Served as acquisitions librarian for a regional branch of libraries.
1967–1970	*Teacher: Spanish, Literature, and Composition* St. Mary's Academy, Olympia, Washington Taught courses in Spanish, literature (Spanish and English), and composition (English) in this private school.
1962–1965	*Bookseller* Librería Multicultural (Multicultural Bookstore), Santiago, Chile Part-time work while completing studies at the Universidad de Chile. Duties included selling books, maintaining stockroom, assisting customers with special orders, and receiving shipments.

REFERENCES AVAILABLE ON REQUEST.

Absalón Hernández Mejía
12582 Highway 92
Billings, Montana 59124
(406) 555-2947

Supervisor con experiencia en busca de nuevos retos en la administración de proyectos con una organización pública o privada.

Lo que puedo ofrecer	*Lo que he logrado*	*Cómo puede beneficiarse su firma*
12 años de experiencia en administración	entrené a los empleados para fomentar el ascenso dentro de la compañía durante los primeros dos años	disminuir la rotación de empleados
		ahorrar los gastos de entrenamiento
excelentes destrezas en administración de empresas	desarrollé el plan de crecimiento mediante el control del presupuesto y al reducir los gastos en un 23 por ciento en el primer año	ahorrar dinero que se puede reinvertir en la compañía para aumentar las oportunidades de expansión
	promoví la expansión de la compañía por un 30 por ciento en el primer año	aumentar la eficacia de producción sin aumentar el número de empleados
estilo motivador de administración	disminuí la rotación de empleados a menos del 2 por ciento al año	un equipo de empleados contentos y estables que aumenten su productividad
fuerte liderazgo en ventas	recibí el Premio Peak y el Premio Embassy por esfuerzos en ventas	un historial comprobado de logros y resultados
destrezas sólidas de mercadeo	formulé el nuevo diseño de un producto que resultó en $570,000 en un territorio nuevo durante el primer año	un aumento de ventas y oportunidades para productos establecidos
conocimientos de los canales de distribución de varias industrias	establecí una red de distribuidores que aumentó el mercado de la compañía en un 37 por ciento en el primer año	aumento de ventas y reducción de gastos de distribución

Historial de empleo

Gates Rubber Company, Denver, Colorado, Director de Ventas y Distribución Regionales, desde 1985 hasta 1995

Director de la División de Ventas, Denver, 1982 hasta 1985
Supervisor de Producción de la Planta, Denver, 1978 hasta 1982
Director de Ventas de la Planta, Denver, 1975 hasta 1978
Supervisor de Bodega, Denver, 1973 hasta 1975

Embotelladoras y Distribuidoras Norteñas, Ensenada, México, Supervisor de Turno, 1970 hasta 1973

Educación

Licenciatura en Administración de Empresas, Universidad de Denver, Colorado, 1975

Referencias a petición del interesado.

Absalón Hernández Mejía
12582 Highway 92
Billings, Montana 59124
(406) 555-2947

Experienced supervisor seeking new challenges in project management with a public or private organization.

What I can offer	*What I've accomplished*	*How your firm can benefit*
12 years supervisory experience	trained staff so that promotion comes from within after the first two years	reduce employee turnover
		save in training costs
excellent business management skills	developed plan of growth through budget control and reduced costs by 23 percent in the first year	save money that can be reinvested in the company to increase growth opportunities
	expanded company growth by 30 percent in the first year	increase production efficiency without increasing staff
motivational management style	reduced employee turnover to less than 2 percent per year	a stable, happy employee team that increases productivity
strong sales leadership	received Peak Award and Embassy Award for sales efforts	a proven history of achievements and results
solid marketing skills	redesigned product that produced $570,000 in new territory in the first year	an increase in sales and opportunities for established products
knowledge of distribution channels for several industries	established distributor network that increased company market share by 37 percent in the first year	increased sales and reduced distribution costs

Employment History
Gates Rubber Company, Denver, Colorado, Regional Sales and Distribution Manager, 1985 to 1995
    Division Sales Manager, Denver, 1982 to 1985
    Plant Production Supervisor, Denver, 1978 to 1982
    Plant Sales Manager, Denver, 1975 to 1978
    Warehouse Supervisor, Denver, 1973 to 1975
Northern Bottlers and Distributors, Ensenada, Mexico, Shift Supervisor, 1970 to 1973

Education
B.S., Business Administration, University of Denver, Colorado, 1975

References provided on request.

Dolores Osorio de la Fuente • 9783 Ridgeway • Evanston, IL 60202 • 708-555-2983

Objetivo

Un puesto de publicista para una compañía o agencia del Medio Oeste

Resumen de competencia
- Hábil en el trabajo con el público
- Escritora con experiencia
- Acostumbrada a trabajar con plazos fijados
- Adaptable y trabajadora
- Conocimientos del gobierno local, los comercios y las agencias comunitarias

Historial de empleo

Reportera, *La Raza,* 1985 – presente
Especialización en noticias locales. Desarrollé la serie investigativa sobre el abuso doméstico. He entrevistado a funcionarios de gobierno, administradores de empresas, activistas comunitarias y dueños de negocios independientes. Desarrollé una columna que da consejos a consumidores.

Periodista, *La Crónica,* Montevideo, Uruguay, 1981 – 1984
Empecé como mecanógrafa y después de un año había entregado varios artículos sobre la salud pública. En dos años, llegué a ser encargada de investigar y reportar las noticias de la vida social.

Habilidades
- Manejo de programas de computación (WordPerfect, Lotus)
- Conocimientos avanzados de inglés
- Excelentes destrezas de investigación

Lista parcial de publicaciones
- "El servicio comunitario: ¿Solución o problema?"
- "Amelia Hunani: Administradora insólita"
- "Reconstrucción del Hogar del Niño"
- "El SIDA: Aumenta el riesgo"
- "Chicago's Four-Story Community: A Look at North Broadway"
- "Revitalization: How Upscaling Affects Uptown Residents"

Educación

Licenciatura en Periodismo, Universidad de Uruguay, 1981
Academia de Lenguas, Montevideo, Uruguay, Certificado 1981
Cursé tres años de estudios de inglés.

Se proporcionan referencias y copias de publicaciones.

Dolores Osorio de la Fuente • 9783 Ridgeway • Evanston, IL 60202 • 708-555-2983

Objective
> A position as publicist for a Midwest corporation or agency.

Summary of Qualifications
> • Skilled at working with the public
> • Experienced writer
> • Accustomed to working with deadlines
> • Flexible and hardworking
> • Knowledgeable about local government, businesses, and community agencies

History of Employment
> Reporter, *La Raza,* 1985 – present
> Specialize in local news. Developed an investigative series on domestic abuse. Have interviewed government officials, corporate officers, community activists, and independent business owners. Developed an advice column for consumers.
>
> Reporter, *La Crónica,* Montevideo, Uruguay, 1981 – 1984
> Started as a typist and after a year had written several articles about public health issues. After two years, researched and reported all society news.

Skills
> • Experience with software programs (WordPerfect, Lotus)
> • Advanced proficiency in English
> • Excellent research skills

Selected List of Publications
> • "El servicio comunitario: ¿Solución o problema?"
> • "Amelia Hunani: Administradora insólita"
> • "Reconstrucción del Hogar del Niño"
> • "El SIDA: Aumenta el riesgo"
> • "Chicago's Four-Story Community: A Look at North Broadway"
> • "Revitalization: How Upscaling Affects Uptown Residents"

Education
> B.A. in Journalism, University of Uruguay, 1981
> Language Academy, Montevideo, Uruguay, Certificate 1981
> Completed three years of study in English.

References and copies of publications available.

Tomás Caposanto
3892 North Vista
Tucson, Arizona 85726
602-555-1122

OBJETIVO
Conseguir un puesto de tiempo parcial de instructor de carpintería, con especialización en marquetería y ebanistería.

EXPERIENCIA
• 20 años de experiencia en carpintería, marquetería y ebanistería
• Participación en más de 30 ferias de arte regionales
• Experiencia de entrenar a los empleados en una fábrica de muebles

Dueño, Carpintería a la Caposanto, 1988 – presente
Soy dueño de un pequeño negocio de muebles hechos al gusto del cliente. Superviso a tres empleados.

Instructor, Programa de Educación para Adultos, Tucson Community College, 1991

Vendedor de muebles, Mueblería Continental, Tucson, Arizona, 1985 – 1987

PREMIOS Y HONORES
• Primer lugar en varias ferias de arte
• Mención honorífica en el artículo "Pintores con madera" en la revista *Las Artes del Sudoeste*

HABILIDADES
• Bilingüe en inglés y español (nacido de padre mexicano y madre norteamericana)
• Conocimientos de la administración de una empresa independiente
• Hábil en pintura con acuarelas
• Experiencia de dar clases de carpintería en un programa de educación para adultos

EDUCACIÓN
Taller auspiciado por la Administración de Empresas Pequeñas, Phoenix, Arizona, 1987
Licenciatura en Letras, Universidad de Arizona, Tucson, Arizona, 1986
Estudios generales, Tucson Community College, Tucson, Arizona, 1978 – 1979

Referencias a petición del interesado.

Tomás Caposanto
3892 North Vista
Tucson, Arizona 85726
602-555-1122

OBJECTIVE
Obtain a part-time position as wood shop instructor, specializing in inlay work and the construction of fine furniture.

EXPERIENCE
• 20 years of experience in carpentry, marquetry, and construction of fine furniture
• Participation in more than 30 regional art fairs
• Experience in training employees in a furniture factory

      Owner, Carpentry a la Caposanto, 1988 – present
      Owner of a small business of constructing custom-made furniture.
      Supervise three employees.

      Instructor, Continuing Education Program, Tucson Community College, 1991

      Furniture Salesman, Continental Furniture, Tucson, Arizona, 1985 – 1987

AWARDS AND HONORS
• First place in various juried art fairs
• Received mention in the article "Painters in Wood" in the magazine *Arts of the Southwest*

SKILLS
• Bilingual in English and Spanish (born of a Mexican father and an American mother)
• Knowledge of managing a small, independent business
• Skillful in watercolor painting
• Experienced in giving woodworking classes in an adult education program

EDUCATION
Workshop sponsored by the Small Business Administration, Phoenix, Arizona, 1987
B.A., Liberal Arts, University of Arizona, Tucson, Arizona, 1986
General studies, Tucson Community College, Tucson, Arizona, 1978 – 1979

References available on request.

Elena María Gutiérrez
133 Lincoln Drive
Detroit, Michigan 48099
(613) 555-3361

PUESTO DESEADO	Administradora Ejecutiva de una clínica u hospital.
EDUCACIÓN	Maestría en Ciencias, abril 1982, Universidad de Western Michigan, Administración de Sanidad Pública.
	Licenciatura en Ciencias, abril 1978, Universidad de Western Michigan. Ramas de especialización: Comercio, Biología.
	Universidad Centroamericana, 1974–1976, Managua, Nicaragua. Cursé estudios en humanidades con especialización en literatura y lenguas extranjeras.
EXPERIENCIA	1982–1995: Directora, Vicksburg Community Hospital. Encargada de la administración del hospital: planificación de finanzas, personal, actividades médicas y la planta.
	1981–1982: Subdirectora, Vicksburg Community Hospital. Supervisé la admisión de pacientes hospitalizados y no hospitalizados, el control de gastos y servicios de emergencia.
	1978–1981: Subdirectora, Plainwell Community Hospitals. Administré facturas, contabilidad de costos y nuevos procedimientos de contabilidad.
SERVICIO COMUNITARIO	Trabajo voluntario con el departamento de bomberos. Miembro del comité de investigar las instalaciones para el cuidado de emergencia en Vicksburg.
DATOS PERTINENTES	He participado en varios seminarios relacionados con la administración de hospitales y clínicas.
	Miembro de la Asociación Americana de Sanidad Pública y la Academia Americana de Administradores de Hospitales.

Elena María Gutiérrez
133 Lincoln Drive
Detroit, Michigan 48099
(613) 555-3361

POSITION DESIRED	Executive Administrator of a clinic or hospital.
EDUCATION	Master of Science, April 1982, Western Michigan University, Public Health Administration.
	Bachelor of Science, April 1978, Western Michigan University. Majors: Business, Biology.
	Universidad Centroamericana, 1974–1976, Managua, Nicaragua. Liberal arts coursework specializing in literature and foreign languages.
EXPERIENCE	1982–1995: Director, Vicksburg Community Hospital. Responsible for the operation of the hospital: financial planning, personnel, medical activities, and plant.
	1981–1982: Assistant Director, Vicksburg Community Hospital. Supervised inpatient and outpatient admittance, cost control, and emergency services.
	1978–1981: Assistant Director, Plainwell Community Hospitals. Managed billing practices, cost accounting, and new accounting procedures.
COMMUNITY SERVICE	Volunteer work with fire department. Member of the committee to study emergency care facilities in Vicksburg.
RELEVANT INFORMATION	Have participated in various seminars related to hospital and clinical administration.
	Member of the American Public Health Association and American Academy of Hospital Administrators.

Víctor Humberto Villazón
17644 Ventura Boulevard
Los Angeles, California 90024
(213) 555-9876

DATOS PERSONALES

Nacido en Guanajuato, México, de padre norteamericano y madre mexicana. Bilingüe en inglés y español.

EDUCACIÓN

A.A., Riverside Junior College
Riverside, California

EMPLEO

Southern California Laboratories
Los Angeles, California
Agosto de 1991 – Febrero de 1995
Técnico de laboratorio médico

Clínica Familiar del Occidente
Los Angeles, California
Junio de 1989 – Julio de 1991
Técnico de laboratorio médico

Productos Farmacéuticos Lowell
Riverside, California
Mayo de 1986 – Abril de 1989
Técnico de laboratorio médico

ASOCIACIONES
PROFESIONALES

Sociedad Internacional para la Tecnología de Laboratorios Clínicos

REFERENCIAS

Disponibles a petición del interesado.

Víctor Humberto Villazón
17644 Ventura Boulevard
Los Angeles, California 90024
(213) 555-9876

PERSONAL DATA	Born in Guanajuato, Mexico, of an American father and Mexican mother. Bilingual in English and Spanish.
EDUCATION	A.A., Riverside Junior College Riverside, California
EMPLOYMENT	Southern California Laboratories Los Angeles, California August 1991 – February 1995 Medical Laboratory Technician
	Western Family Clinic/Clínica Familiar del Occidente Los Angeles, California June 1989 – July 1991 Medical Laboratory Technician
	Lowell Pharmaceuticals Riverside, California May 1986 – April 1989 Medical Laboratory Technician
PROFESSIONAL ORGANIZATIONS	International Society for Clinical Laboratory Technology
REFERENCES	Available upon request

CURRÍCULUM VITAE

NOMBRE:	ALICIA ALVARADO	**FECHA:**	FEBRERO 18, 1995
DIRECCIÓN:	9867 HIGH DRIVE	**TELÉFONO:**	(606) 555-0101
	LEXINGTON, KENTUCKY 40506		

OBJETIVO: Un puesto de terapeuta respiratoria en un hospital que se interese por utilizar mis habilidades como administradora con experiencia técnica.

EDUCACIÓN:
6/84–6/86   LOUISIANA TECH INSTITUTE, Ruston, Louisiana.
Titulada en Terapia Respiratoria.

EXPERIENCIA:
4/90–presente   LEXINGTON GENERAL HOSPITAL, Lexington, Kentucky
Terapeuta respiratoria.
Supervisé a cinco técnicos respiratorios. Serví de auxiliar a los empleados del hospital.

7/86–2/90   CLÍNICA DE KENTUCKY, Lexington, Kentucky
Terapeuta respiratoria.
Participé en el diagnóstico, reconocimiento y prevención de problemas respiratorios.

SERVICIO VOLUNTARIO: He participado en varias campañas para recaudar fondos para la Clínica de Maternidad de Lexington.

DATOS: Miembro, Asociación Americana de Terapeutas Respiratorios.
Licenciada en la terapia respiratoria.

RESUME

NAME:	ALICIA ALVARADO	DATE:	FEBRUARY 18, 1995
ADDRESS:	9867 HIGH DRIVE	TELEPHONE:	(606) 555-0101
	LEXINGTON, KENTUCKY 40506		

OBJECTIVE: A position as respiratory therapist in a hospital that is interested in utilizing my skills as an administrator with technical experience.

EDUCATION:
6/84–6/86 LOUISIANA TECH INSTITUTE, Ruston, Louisiana.
Associate Degree in Respiratory Therapy.

EXPERIENCE:
4/90–present LEXINGTON GENERAL HOSPITAL, Lexington, Kentucky
Respiratory therapist.
Supervised five staff respiratory technicians. Served as resource person for hospital staff.

7/86–2/90 KENTUCKY CLINIC, Lexington, Kentucky
Respiratory Therapist.
Participated in the diagnosis, evaluation, and prevention of respiratory problems.

VOLUNTEER SERVICE: Have participated in several fund-raising campaigns for the Maternity Clinic of Lexington.

DATA: Member, American Association of Respiratory Therapists
Registered Respiratory Therapist

RESUMEN DE CAPACIDADES
DE
FRANCISCO GUERRERO BLANCO
987 West 44th Street
Cheyenne, Wyoming 82001
(307) 555-9872

OBJETIVO PROFESIONAL

La oportunidad de demostrar extraordinarias habilidades administrativas y excelentes destrezas de tomar decisiones en el ambiente de un asilo para ancianos.

RESUMEN DE COMPETENCIA

- Sumamente ordenado, dinámico y comprensivo.
- Habilidades y paciencia para instruir y seleccionar a los empleados administrativos y profesionales.
- Conocimientos de computadoras: IBM PC, Lotus 1-2-3, WordPerfect, Symphony Data Base, IBM 38, Internet.
- Experiencia con todas las facetas del cuidado gerontológico: administración, contabilidad, seguros y tratamiento médico.
- Buenas relaciones con toda clase de empleados, pacientes y sus familiares y agencias públicas. Bilingüe en español e inglés.

EDUCACIÓN

Universidad de Wyoming, Licenciatura en Comercio, Laramie, Wyoming

EXPERIENCIA

1985–1995   Subdirector, Longview Manor, Cheyenne, Wyoming
1983–1985   Asistente Administrativo, Mountain Nursing Home, Cheyenne, Wyoming

REFERENCIAS

Puedo proporcionar excelentes referencias profesionales y personales.

RESUME OF QUALIFICATIONS
OF
FRANCISCO GUERRERO BLANCO
987 West 44th Street
Cheyenne, Wyoming 82001
(307) 555-9872

PROFESSIONAL OBJECTIVE

Opportunity to demonstrate superior managerial abilities and excellent decision-making skills in a nursing home environment.

SUMMARY OF QUALIFICATIONS

- Highly organized, dynamic, and understanding.
- Ability and patience to train and develop office and professional staff.
- Knowledge of computers: IBM PC, Lotus 1-2-3, WordPerfect, Symphony Data Base, IBM 38, Internet.
- Experience with all facets of geriatric care: management, accounting, insurances, and medical treatment.
- Good rapport with all levels of employees, patients and their families, and public agencies. Bilingual in Spanish and English.

EDUCATION

University of Wyoming, B.A. in Business, Laramie, Wyoming

EXPERIENCE

1985–1995   Assistant Director, Longview Manor, Cheyenne, WY
1983–1985   Administrative Assistant, Mountain Nursing Home, Cheyenne, WY

REFERENCES

I can provide excellent professional and personal references.

Paula Ramírez de Mesa
974 Chestnut Hill Road
Newark, Delaware 19713
(302) 555-9812

COMPETENCIA	Diez años de experiencia como Asistente Social Médica en un hospital
	Trabajadora Social con licencia
EDUCACIÓN	Maestría en Trabajo Social Universidad de Delaware, Newark, Delaware, 1985
	Licenciatura en Sociología Universidad de Puerto Rico, Río Piedras, Puerto Rico, 1980
	Participación en varios seminarios auspiciados por la A.C.S.W.
DATOS PERSONALES	Fecha de nacimiento: 7 de mayo de 1958 Casada con dos hijos Salud: excelente
HISTORIAL DE EMPLEO 10/85–	Atlantic Hospital Newark, Delaware <u>Coordinadora de servicios sociales</u> Encargada de entrevistar a los pacientes y coordinar sus necesidades con los servicios proporcionados por las agencias comunitarias. He redactado varios folletos informativos dirigidos a los pacientes. Consulto a diario con los representantes de varias agencias gubernamentales y comunitarias, además de organizaciones sin fines de lucro.
ASOCIACIONES	Asociación Americana de Mujeres Universitarias Miembro de la mesa directiva de la Girls' Club
REFERENCIAS	A petición del interesado.

Paula Ramírez de Mesa
974 Chestnut Hill Road
Newark, Delaware 19713
(302) 555-9812

QUALIFICATIONS	Ten years' experience as Medical Social Worker in a hospital environment
	Certified Social Worker
EDUCATION	Master's degree in Social Work University of Delaware, Newark, Delaware, 1985
	Bachelor's degree in Sociology Universidad de Puerto Rico, Río Piedras, Puerto Rico, 1980
	Participation in various seminars sponsored by the A.C.S.W.
PERSONAL DATA	Birthdate: May 7, 1958 Married with two children Health: excellent
HISTORY OF EMPLOYMENT 10/85–	Atlantic Hospital Newark, Delaware <u>Coordinator of Social Services</u> Responsible for interviewing patients and coordinating their needs with services provided by community agencies. Have published several informative booklets for patients. Consult daily with representatives of various government and community agencies, as well as nonprofit organizations.
AFFILIATIONS	American Association of University Women Member of the Girls' Club board of directors
REFERENCES	Available on request.

Luis Samuel Velez

Dirección durante el año escolar:
Duke University
Apartado Postal 55
Durham, North Carolina 27706
(919) 555-9087

Dirección de residencia:
345 Prospect Road
Cleveland, Ohio 44136
(419) 555-8790

META PROFESIONAL

Un puesto en el campo de ingeniería biomédica con énfasis en el desarrollo de órganos y articulaciones artificiales.

EDUCACIÓN

Duke University
Durham, North Carolina
Maestría en Ingeniería Biomédica
Fecha de graduación: Mayo de 1995

Estudios significativos:
Instrumentos de diagnóstico, biomedicina, ingeniería biomédica, sistemas y diseño, anatomía y fisiología, biomecánica, ingeniería biofísica.

Duke University
Durham, North Carolina
Licenciatura en Ciencias, 1990

Cleveland State University

Cleveland, Ohio

Dos años de estudios intensivos de inglés como
segundo idioma y comunicación técnica en inglés.

EXPERIENCIA

United Technologies, Edinburgh, Indiana, Verano de 1991
Realicé pruebas de materiales para articulaciones artificiales. Estudié dispositivos terapéuticos.

ASOCIACIONES Y ACTIVIDADES

Sociedad Americana de Ingenieros Biomédicos
Liga de fútbol regional, Los Tigres

REFERENCIAS

A petición del interesado.

Luis Samuel Velez

Address during the school year:
Duke University
P.O. Box 55
Durham, North Carolina 27706
(919) 555-9087

Home address:
345 Prospect Road
Cleveland, Ohio 44136
(419) 555-8790

PROFESSIONAL GOAL
A position in the field of biomedical engineering with emphasis on the development of artificial organs and joints.

EDUCATION
Duke University
Durham, North Carolina
Master of Science degree in Biomedical Engineering
Graduation Date: May 1995

Significant Courses:
Diagnostic Instruments,
Biomedicine, Biomedical Engineering,
Systems and Design, Anatomy and
Physiology, Biomechanics,
Biophysical Engineering.

Duke University
Durham, North Carolina
B.S., 1990

Cleveland State University
Cleveland, Ohio

Two years of intensive study of
English as a second language and
technical communication in English.

EXPERIENCE
United Technologies, Edinburgh, Indiana, Summer of 1991
Tested artificial joint materials. Studied therapeutic devices.

ASSOCIATIONS AND ACTIVITIES
American Society of Biomedical Engineers
Regional soccer league team, Tigers

REFERENCES
Available on request.

Ricardo Lamas
90 Pacific Coast Highway
Malibu, California 90024
(310) 555-3546

Objetivo:	Obtener un puesto con una compañía de ambulancias, la sala de emergencia de un hospital o un equipo de salvamento.

Educación:

Sonoma State University, Rohnert Park, California
Licenciatura en Ciencias del Medio Ambiente, 1995
Entre los estudios cursados se encuentran primeros auxilios avanzados, el cuidado de emergencia, fisiología y psicología.

Santa Rosa Junior College, Santa Rosa, California
Examen de equivalencia de la escuela secundaria, 1991 / Programa para técnicos médicos de emergencia que abarca los métodos de salvamento y entrenamiento para bomberos, 1994

Experiencia:

Sonoma Life Support, Sonoma, California, Verano de 1994
Ayudé a los paramédicos y otros técnicos médicos de emergencia para responder a llamadas de urgencia.

Sala de emergencia, Santa Rosa Hospital, Santa Rosa, California, Verano de 1993
Ayudé a los médicos y a las enfermeras a transportar a los pacientes. Serví de intérprete.

Cuerpo de Conservación de Marin, San Rafael, California, 1991–1993
Trabajé de tiempo parcial como conductor.

Competencia
Personal:

Excelentes conocimientos de términos médicos en español y en inglés.
Experiencia con el trabajo en equipo.
Cortés, bondadoso y comprensivo.

Licencia y
Certificado:

Certificado de resuscitación cardiopulmonar (CPR) de la Cruz Roja, 1994
Certificado de primeros auxilios avanzados de la Cruz Roja, 1993

Intereses:

Estudios del medio ambiente, el béisbol, la natación.
Levanto pesas y corro todos los días.

Referencias a petición del interesado.

Ricardo Lamas
90 Pacific Coast Highway
Malibu, CA 90024
(310) 555-3546

Objective:	Obtain a position with an ambulance company, hospital emergency room, or search and rescue team.
Education:	Sonoma State University, Rohnert Park, CA B.A. in Environmental Sciences, 1995 Courses completed include advanced first aid, emergency care, physiology, and psychology. Santa Rosa Junior College, Santa Rosa, CA High school equivalency examination, 1991 / Program for emergency medical technicians, that includes rescue methods and firefighter training, 1994
Experience:	Sonoma Life Support, Sonoma, CA, Summer 1994 Assisted paramedics and other EMTs to respond to emergency calls. Emergency Room, Santa Rosa Hospital, Santa Rosa, CA, Summer 1993 Assisted doctors and nurses in transporting patients. Served as interpreter. Marin Conservation Corps, San Rafael, CA, 1991–1993 Worked part-time as driver.
Personal Qualifications:	Excellent command of medical terms in Spanish and English. Experience with teamwork. Polite, generous, and compassionate.
License and Certificate:	Red Cross CPR Certificate, 1994 Red Cross Advanced First Aid Certificate, 1993
Interests:	Environmental studies, baseball, swimming. Daily weightlifting and jogging.

References available on request.

Mireya Salvador Duque
34 King Crossing
Denver, Colorado 80203
(303) 555-1566

OBJETIVO PROFESIONAL
Deseo un puesto de secretaria/auxiliar médica con oportunidades de ser administradora de oficina en una clínica médica o dental.

EDUCACIÓN
Denver Technical College, Denver, 1994
> Certificada en el programa para técnicos dentales y secretariado médico.

Denver Community College, Denver, 1989–1992
> Cursé estudios en WordPerfect, Lotus 1-2-3, administración de clínicas médicas, procedimientos administrativos, vocabulario médico para administradores.

Boulder High School, Boulder, Colorado, 1985–1987

Escuela Superior, Cúcuta, Colombia, 1982–1985

EXPERIENCIA
1992 – Presente   Clínica Dental de Denver, 124 Aspen Way, Denver, Colorado 80215
Secretaria: Realizo responsabilidades generales de oficina, preparo y envío las facturas para tres dentistas, lleno los formularios de seguros, llevo el horario de consultas. He entrenado y supervisado a cuatro secretarias en los últimos dos años.

Referencias a petición del interesado.

Mireya Salvador Duque
34 King Crossing
Denver, Colorado 80203
(303) 555-1566

CAREER OBJECTIVE
Desire a position as medical secretary/assistant with opportunities for advancement to office administrator in a medical or dental clinic.

EDUCATION
Denver Technical College, Denver, 1994
> Certified in the program for medical secretaries and dental technicians.

Denver Community College, Denver, 1989–1992
> Completed courses in WordPerfect, Lotus 1-2-3, management of medical clinics, administrative procedures, medical terms for administrators.

Boulder High School, Boulder, Colorado, 1985–1987

Escuela Superior, Cúcuta, Colombia, 1982–1985

EXPERIENCE
1992 – Present   Denver Dental Clinic, 124 Aspen Way, Denver, CO 80215
Secretary: Carry out general office duties, prepare and send billing for three dentists, complete insurance forms, maintain appointment book. Have trained and supervised four secretaries in the past two years.

References available on request.

Patricio Burgos
2250 Collis Avenue
Huntington, West Virginia 25702
Teléfono: 304-555-9941

Puesto Deseado	Un puesto de aprendiz con el Departamento de Bomberos del Distrito de Huntington.
Educación	<u>County Community College</u>, Huntington 1993–1995 He cursado dos años de estudios en el programa para técnicos en mecánica.
	<u>Cabel County Vocational-Technical Senior High School</u> Diploma, Clase de 1993 Rama de especialización: Salud y gimnasia. Cursos pertinentes: anatomía, primeros auxilios, nutrición, química, matemáticas avanzadas e inglés como segundo idioma.
	<u>Escuela Normal</u>, Popayán, Colombia, 1991 Cursé dos años de estudios técnicos antes de trasladarme a Estados Unidos.
Experiencia	Cocinero de pizzas, Antonio's Noches entre semana, desde 1993 hasta 1995
	Conductor, Sonny's Servicio de Grúa Los fines de semana desde 1993 hasta 1995
	Conserje, Centro Comercial de Huntington De tiempo parcial, el 3er turno, 1992
Habilidades	Certificado en resucitación cardiopulmonar, CPR, 1994 Entrenador voluntario para las Olimpiadas de Minusválidos Buen dominio del inglés
Recomendaciones	A petición del interesado.

Patricio Burgos
2250 Collis Avenue
Huntington, West Virginia 25702
Telephone: 304-555-9941

Job Sought	Trainee position with the Huntington District Fire Department.
Education	<u>County Community College</u>, Huntington 1993–1995 Have completed two years of study in the program for mechanical technicians. <u>Cabel County Vocational-Technical Senior High School</u> Diploma, Class of 1993 Program of study: Health and Physical Fitness. Relevant courses: anatomy, first aid, nutrition, chemistry, advanced math, and English as a second language. <u>Escuela Normal</u>, Popayán, Colombia, 1991 Completed two years of technical courses before moving to the United States.
Experience	Pizza cook, Antonio's Nights from Monday – Friday, from 1993 to 1995 Driver, Sonny's Towing Service Weekends from 1993 to 1995 Janitor, Huntington Shopping Center Part-time, third shift, 1992
Abilities	Certified in CPR, 1994 Volunteer coach for the Special Olympics Good command of English
Recomendations	Available on request.

Irene Martínez • 1137 N.E. 189th • Provo, Utah 84604 • (801) 555-1234

Objetivo
Conseguir un puesto de auxiliar administrativa para una firma de asesores en administración.

Habilidades
- He ayudado a organizar seminarios sobre impuestos y seminarios para iniciar negocios.
- He ayudado a planear bailes y cenas para recaudar fondos para un centro de servicios para los desamparados.
- He participado en varios comités de la escuela secundaria.
- Soy ordenada, dinámica y trabajadora.

Educación
Topview High School, clase de 1995
Programa de letras. Promedio de calificaciones: 3.45

Experiencia
Auxiliar de la administradora, Asesores Administrativos Lozano
Trabajo de tiempo parcial durante el año escolar y de tiempo completo durante el verano desde 1994 hasta 1995

Voluntaria, Centro Comunitario de Servicios Sociales
Trabajo general para el comité de recaudación de fondos, 1993

Se proporcionan referencias a petición del interesado.

Irene Martínez • 1137 N.E. 189th • Provo, Utah 84604 • (801) 555-1234

Objective
Obtain a position as administrative assistant for a management consultant firm.

Abilities
- Assisted in organizing tax seminars and seminars on starting a business.
- Assisted in planning fund-raising dances and dinners for a service center for the homeless.
- Served on various high school committees.
- I am neat, energetic, and hardworking.

Education
Topview High School, class of 1995
Liberal arts program. Grade point average: 3.45

Experience
Assistant to the manager, Lozano Management Consultants
Part-time work during the school year and full-time during the summer from 1994 to 1995

Volunteer, Community Social Service Center
General work for the fund-raising committee, 1993

References provided on request.

Anselmo Uribe

---

260 E. North Avenue
Baltimore, Maryland 21202
301/555-4458

Objetivo

Una carrera en diseño y desarrollo tecnológico que utilice mis habilidades en la innovación tecnológica y el dibujo técnico tradicional y por computadora.

Educación

Instituto DeWinters de Tecnología, 1994 – 1995
He cursado dos años de estudios en diseño y dibujo técnico.

Baltimore City College High School, Baltimore, Maryland, 1993
Rama de especialización: ciencia y tecnología
Promedio de calificaciones del programa principal de estudios: 6.0 (escala de 6) Promedio general de calificaciones: 4.85

Instituto Politécnico, Santa Cruz, Bolivia, 1989 – 1990
Cursé dos años de estudios técnicos.

Logros

Empatado en segundo lugar en la competencia regional, Reto Tecnológico 1993, auspiciada por el Massachusetts Institute of Technology, por el diseño y la construcción de un aerodeslizador.

Cursé los siguientes estudios con las mejores calificaciones:
* Dibujo técnico 1-4   * Tecnología en metales
* Electrónica   * Tecnología avanzada
* Dibujo por computadora   * Diseño y tecnología 1-2

Participé en un programa nocturno intensivo de inglés como segundo idioma.

Experiencia en la profesión

Mecánico auxiliar, East Baltimore Auto, Veranos de 1994 y 1995
Responsabilidades: Reparación general de autos extranjeros. Aprendí y realicé procedimientos básicos de diagnóstico.

Trabajo temporal en la Sección de Desarrollo, Cardell Associates, Baltimore, Maryland, Verano de 1993
Responsabilidades: Revisar los primeros planes para los prototipos de herramientas nuevas. Realicé los primeros dibujos de herramientas que requerían adaptaciones para poder utilizarse con maquinaria nueva.

A petición del interesado se facilitan referencias y muestras de proyectos de dibujo técnico.

Anselmo Uribe

260 E. North Avenue
Baltimore, Maryland 21202
301/555-4458

Objective	A career in technology design and development that will utilize my skills in technology innovation and traditional and computer-aided drafting.
Education	DeWinters Institute of Technology, 1994 – 1995 Completed two years of study in drafting and design. Baltimore City College High School, Baltimore, Maryland, 1993 Major area of study: science and technology Major courses GPA: 6.0 (scale of 6); Cumulative GPA: 4.85 Instituto Politécnico, Santa Cruz, Bolivia, 1989 – 1990 Completed two years of technical studies.
Accomplishments	Tied for second place in the regional competition, Technology Challenge 1993, sponsored by the Massachusetts Institute of Technology, for the design and construction of a hovercraft.

Completed the following coursework, maintaining a 6.0 grade average:
* Drafting 1-4   * Metal Technology
* Electronics   * Advanced Technology
* Computer-aided Drafting   * Design and Technology 1-2

Participated in a night program of intensive study in English as a Second Language.

Career-Related Experience	Mechanic's assistant, East Baltimore Auto, Summers 1994 and 1995 *Responsibilities:* General repair of imported cars. Learned and carried out basic diagnostic procedures. Intern in the R & D Department, Cardell Associates, Baltimore, Maryland, Summer 1993 *Responsibilities:* Checked initial plans of prototypes of new tools. Drafted initial drawings of existing tools that required changes for use with new machinery.

Upon request, references and portfolio of drafting projects available.

Bernarda Fuerte Cabrera
1082 Barry, Apartamento 8
Chicago, Illinois 60657
312-555-1227

Experiencia

Estudio Fotográfico y Producción en Video Zúñiga, Chicago, Illinois, 1994 hasta la fecha
Trabajé inicialmente como oficinista. En seis meses, recibí instrucción en revelado de fotos; acompañé y ayudé a los fotógrafos y videógrafos a instalar las cámaras y luces y tratar a los clientes. He llevado el horario de los empleados; he ayudado con la facturación, las nóminas de sueldo y los pedidos. He aprendido a usar los programas de computadoras de Microsoft Word y Lotus 1-2-3.

Taller de fotografía, auspiciado por Kodak, mayo de 1995
Asistí a las presentaciones de la nueva tecnología fotográfica, cómo iniciar su propio negocio, las computadoras en el estudio, composición y técnicas de revelado.

Educación

Academia Nacional de Artes Plásticas, La Habana, Cuba, 1992

Inscrita en un curso nocturno de inglés como segundo idioma, 1994 – 1995

Inscrita en un programa de ciudadanía. Espero lograrla en 1996.

Intereses

Escultura, fotografía, fútbol, baile folclórico.

Referencias a petición del interesado.

Bernarda Fuerte Cabrera
1082 Barry, Apt. 8
Chicago, Illinois 60657
312-555-1227

Experience

Zúñiga Photographic Studio & Video Production, Chicago, IL, 1994 to the present
Worked initially as office clerk. Within six months was trained to develop photos; accompanied and assisted photographers and videographers to set up equipment and deal with clients. Have maintained employee work schedules; have assisted with billing, payroll, and orders. Have learned to use software programs Microsoft Word and Lotus 1-2-3.

Photography Workshop, sponsored by Kodak, May 1995
Attended presentations on new photographic technology, how to start your own business, computers in the studio, composition, and darkroom techniques.

Education

Academia Nacional de Artes Plásticas, Havana, Cuba, 1992

Enrolled in ESL night classes, 1994 – 1995

Enrolled in citizenship program. Expect to become naturalized in 1996.

Interests

Sculpture, photography, soccer, folk dancing.

References available on request.

Luzma Mendiola Serrán
810 N. 1430 Del Rio Drive
Tempe, Arizona 85282
(503) 555-9350

Busco empleo de costurera o confeccionista de jornada parcial mientras curso estudios de bachillerato.

Trabajos anteriores
Modistería Flores, San Diego, California
Costurera para una modista independiente con servicios a la comunidad hispana. Cosí ropa de alta costura para damas. Recibí instrucción en el diseño y la confección de vestidos y trajes.

Costurera, Unidad Textil Portales, S.A., Guadalajara, Jal., México
Trabajé en corte y confección de cortinas a la medida.

Educación
Tempe College, Programa de GED, 1995 –
Actualmente curso estudios para aprobar el examen de equivalencia de la escuela secundaria.

Colegio de San Francisco de Asís, Guadalajara, Jal., México

Datos personales
Casada con tres hijos
De buena salud
Conocimientos sólidos de inglés
Dispuesta a trabajar los fines de semana

Cartas de recomendación y referencia

Luzma Mendiola Serrán
810 N. 1430 Del Rio Drive
Tempe, Arizona 85282
(503) 555-9350

Seeking part-time employment as seamstress or tailor while completing high school studies.

Work experience
Flores Fashion Design, San Diego, California
Seamstress for an independent fashion designer serving the Hispanic community. Sewed high-fashion women's clothing. Received training in design and tailoring of dresses and suits.

Seamstress, Unidad Textil Portales, S.A., Guadalajara, Jalisco, Mexico
Worked in cutting and sewing custom-made draperies.

Education
Tempe College, GED Program, 1995 –
Currently completing coursework to pass the GED examination.

Colegio de San Francisco de Asís, Guadalajara, Jalisco, Mexico

Personal data
Married with three children
Good health
Good knowledge of English
Able to work weekends

Letters of recommendation and references

Ezequiel Mena Guzmán
618 N.W. Eighth Street, No. 215
Boca Raton, Florida 33486
Teléfono: 555-1400

Objetivo: Conseguir trabajo de bodeguero de verano que continúe de jornada parcial
                       durante el año escolar.

Educación: Corona Del Sol High School. Fecha anticipada de graduación: 1997
                       • tecnología de computación
                       • aplicaciones de computación
                       • programación de computadoras (BASIC, PASCAL)
                       • álgebra 1 y 2
                       • geometría
                       • trigonometría
                       • inglés técnico

Logros: • Primer lugar del distrito por la mejor solución en programación de
                       computadoras
                       • Adaptación de programas de *software* para estudiantes minusválidos

Referencias a petición del interesado.

Ezequiel Mena Guzmán
618 N.W. Eighth Street, No. 215
Boca Raton, Florida 33486
Telephone: 555-1400

Objective: Obtain a job as warehouseman, summer full-time leading to part-time work
                  during the school year.

Education: Corona Del Sol High School. Expected graduation date: 1997
                  • computer technology
                  • computer applications
                  • computer programming (BASIC, PASCAL)
                  • algebra 1 y 2
                  • geometry
                  • trigonometry
                  • technical English

Achievements: • First place in the district for best computer programming solution
                  • Customized software programs for disabled students

References available on request.

Nelson Salgado Zamudio
2315 Winchester Trail, Departamento 9
Atlanta, Georgia 30341
(404) 555-6255
No. de Seguro Social: 555-00-5555

Busco trabajo de prensista o guillotinista de tiempo parcial con una empresa de artes gráficas o una imprenta.

Educación

Atlanta Junior College, Atlanta, Georgia
Fecha de graduación: 1997
Curso estudios en las artes gráficas: imprenta offset, encuadernación de textos, periodismo, inglés comercial, administración de empresas.

Atlanta Junior College, Atlanta, Georgia
Diploma de GED, 1994

Trabajos anteriores

Obrero de bodega, Embotelladores y Distribuidores de Atlanta, 1992 – 1995

Jardinero, Wilson Lawn Service, Atlanta, Georgia, 1990 – 1991

Limpiamesas, Joe's Diner, Atlanta, Georgia, 1990

Aprendiz de prensa, Offset Multicolor, S.A. de C.V., Colonia El Triunfo, México, D.F., 1989 – 1990

Datos personales

Sigo una rutina diaria de ejercicio
Muy trabajador y concienzudo
Jardinero, Bottling Bandits, liga de softbol del distrito

Referencias a petición del interesado.

Nelson Salgado Zamudio
2315 Winchester Trail, Apartment 9
Atlanta, Georgia 30341
(404) 555-6255
Social Security No.: 555-00-5555

Seeking part-time work as pressman or trimmer with a graphics arts agency or printer.

Education
Atlanta Junior College, Atlanta, Georgia
Expected graduation date: 1997
Completing studies in graphic arts: offset printing, book binding, journalism, business English, business administration.

Atlanta Junior College, Atlanta, Georgia
GED diploma, 1994

Work experience
Warehouseman, Atlanta Bottlers & Distributors, 1992 – 1995

Gardener/grounds crew, Wilson Lawn Service, Atlanta, Georgia, 1990 – 1991

Busboy, Joe's Diner, Atlanta, Georgia, 1990

Printer's apprentice, Offset Multicolor, S.A. de C.V., Colonia El Triunfo, Mexico City, 1989 – 1990

Personal information
Maintain a daily regimen of physical fitness
Hardworking and conscientious
Outfielder, Bottling Bandits, district softball league

References available on request.

CAROLINA AZCONA GALLEGO
16825 N.E. Clarkston
Battle Creek, Michigan 49017
Teléfono: 616-555-3428

EMPLEO DESEADO

Puesto de ventas en una ferretería o empresa electrónica.

EDUCACIÓN

1991 – 1995
Battle Creek Central Senior High School, Battle Creek, Michigan
Cursos pertinentes:
Fundamentos de mercadeo
Contabilidad II
Electrónica
Carpintería
Mecánica automotriz

EXPERIENCIA

1993 – presente
Battle Creek Auto Parts
Responsabilidades: atender a los clientes, ayudar en la bodega, hacer el inventario, contestar los teléfonos, tareas generales de oficina. (Puesto terminó cuando el dueño falleció.)

Vacaciones navideñas, 1992
Dependiente, Meijer's, Departamento de Ferretería

ACTIVIDADES

Club Filatélico, Coro de la Iglesia Metodista, ciclismo y tenis

REFERENCIAS

Lista de referencias a petición del interesado.

CAROLINA AZCONA GALLEGO
16825 N.E. Clarkston
Battle Creek, Michigan 49017
Telephone: 616-555-3428

JOB SOUGHT

Position in sales in a hardware or electronics store.

EDUCATION

1991 – 1995
Battle Creek Central Senior High School, Battle Creek,
Michigan
Specialized Courses:
Fundamentals of marketing
Accounting II
Electronics
Woodworking shop
Automotive mechanics

EXPERIENCE

1993 – present
Battle Creek Auto Parts
Responsibilities: serve customers, assist in the stockroom,
take inventory, answer telephones, general office tasks. (Job
ended when the owner died unexpectedly.)

Christmas break, 1992
Clerk, Meijer's, Hardware Department

ACTIVITIES

Philatelists' Club, Methodist Church choir, cycling, and
tennis

REFERENCES

List of references available on request.

Marco Antonio Ayala Tejada
613 Elm Street
Buffalo, Nueva York 14222
(716) 555-2233
No. de Seguro Social: 555-11-5555

Objetivo
Puesto de enfermero o auxiliar médico en un hospital o una clínica.

Educación
Erie Community College, Buffalo, Nueva York, 1994 –
Actualmente cursando estudios de enfermería con especialización en la medicina familiar. Fecha prevista de licencia como enfermero practicante: 1996

Oakton Community College, Des Plaines, Illinois, 1992 – 1993
Cursos de inglés como segundo idioma.

Colegio Superior de Comercio, San Salvador, El Salvador
Bachiller en Salud opción Enfermería, 1991

Trabajos anteriores
Auxiliar de médico, Clínica de Podiatría, Buffalo, Nueva York, 1994 – 1995
Ayudar con los exámenes, servir de intérprete para pacientes hispanohablantes, mantener limpias las salas de consulta, realizar otros oficios generales.

Enfermero, Hospital Bethany, Chicago, Illinois, 1993
Pabellón de Pediatría. El puesto terminó al cerrar el hospital.

Taxista, OK Cab Company, Niles, Illinois, 1992 – 1993

Se proporciona lista de referencias personales.

Marco Antonio Ayala Tejada
613 Elm Street
Buffalo, New York 14222
(716) 555-2233
Social Security No.: 555-11-5555

Objective
Position as orderly or medical assistant in a hospital or clinic.

Education
Erie Community College, Buffalo, NY, 1994 –
Currently completing coursework in nursing with specialization in family practice. Expected date of certification as Licensed Practical Nurse: 1996.

Oakton Community College, Des Plaines, IL, 1992 – 1993
Completed coursework in English as a Second Language.

Colegio Superior de Comercio, San Salvador, El Salvador
Diploma in Health, major in Nursing, 1991

Work Experience
Medical assistant, Podiatry Clinic, Buffalo, NY, 1994 – 1995
Assisted with examinations, served as interpreter for Spanish-speaking patients, maintained cleanliness of examination rooms, carried out other general duties.

Orderly, Bethany Hospital, Chicago, IL, 1993
Pediatrics ward. Position ended when the hospital was closed.

Taxi driver, OK Cab Company, Niles, IL, 1992 – 1993

List of personal references available.

CAPÍTULO 6

Ejemplos de cartas de presentación

16825 N.E. Clarkston
Battle Creek, Michigan 49017
21 de septiembre, 1995

Jefe de Ventas
Ferretería Robinett
2260 N.E. Delaney
Battle Creek, Michigan 49014

Distinguido señor o señora:

Le agradecería que considerara el currículum vitae remitido en respuesta al anuncio de empleo para un vendedor el cual fue publicado en la edición dominical del *Battle Creek Enquirer*.

Últimamente he trabajado en la tienda de Battle Creek Auto Parts, pero el dueño falleció inesperadamente de un infarto cardiaco. Tengo deseos de seguir trabajando en ventas y he tenido el gusto de ser cliente de la Ferretería Robinett. Tengo experiencia en mecánica automotriz, carpintería y electrónica de modo que conozco la línea de productos de venta en su tienda. Además he ayudado a mi padre a realizar proyectos de construcción y reparación en nuestra casa.

Espero tener la oportunidad de hablar con Ud. de los requisitos del trabajo y de mis habilidades y conocimientos. Mi número telefónico es 555-3428 y estoy en casa después de las 2:30 de la tarde todos los días. Le agradezco de antemano tomarme en consideración.

Atentamente,

Carolina Azcona Gallego

16825 N.E. Clarkston
Battle Creek, Michigan 49017
September 21, 1995

Sales Manager
Robinett's Hardware
2260 N.E. Delaney
Battle Creek, Michigan 49014

Dear Sir or Madam:

Enclosed please find my résumé, submitted in response to your advertisement for a sales clerk in Sunday's edition of the *Battle Creek Enquirer.*

Most recently, I was employed with Battle Creek Auto Parts, but the owner suffered a heart attack and passed away unexpectedly. I want to continue working in sales and have had the pleasure of being a customer at Robinett's Hardware. I have had experience with auto mechanics, woodworking, and electronics, and therefore am familiar with the line of products carried in your store. In addition, I have assisted my father with various building and repair projects in our home.

I hope to have the opportunity of talking with you about the job's requirements and my skills and qualifications. My telephone number is 555-3428 and I am available after 2:30 p.m. daily. Thank you for your consideration.

Sincerely,

Carolina Azcona Gallego

• Juan Aguilar •

11 de noviembre de 1995

Charles Hansen
Director de Producción
The Herald-Palladium
3450 Hollywood Road
St. Joseph, Michigan 49085

Estimado Sr. Hansen:

El Sr. George Peterson de Michigan Printing sugirió que le escribiera con respecto a mi interés entusiástico en iniciar una carrera en la industria de imprenta. Quisiera solicitar un puesto de aprendiz de imprenta y he adjuntado el resumen de mis capacidades para su consideración.

El verano de 1994 trabajé para el señor Peterson como ayudante de imprenta. En ese puesto de empleado suplente de verano, pude trabajar en varios departamentos y realizar diversos oficios. Como resultado, aprendí mucho sobre el campo de la imprenta. Además, las clases que he tomado en artes gráficas y aplicaciones de computación me han preparado para participar en la transformación de la industria a la producción electrónica.

Le agradecería la oportunidad de visitarlo y ver las operaciones de prensa del periódico. El señor Peterson elogió su departamento de producción, y guardo la esperanza de poder hacerme parte de su equipo. Lo llamaré a principios de la semana que viene o Ud. puede comunicarse conmigo por las tardes al llamar el número que aparece a continuación.

Atentamente,

Juan Aguilar

• **Juan Aguilar** •

November 11, 1995

Charles Hansen
Production Manager
The Herald-Palladium
3450 Hollywood Road
St. Joseph, MI 49085

Dear Mr. Hansen:

Mr. George Peterson of Michigan Printing suggested I contact you with regard to my enthusiastic interest in beginning a career in the printing industry. I would like to apply for a position as apprentice printer and have enclosed a summary of my qualifications for your consideration.

During the summer of 1994, I worked for Mr. Peterson as a print shop assistant. In the job as summer vacation relief worker, I was able to work with several departments and carry out various different duties. As a result, I learned a great deal about the trade. In addition, the classes I have taken in graphic arts and computer applications have prepared me to participate in the industry's transformation to electronic pre-press production.

I would very much appreciate an opportunity to talk with you and see the printing operations at the newspaper. Mr. Peterson spoke highly of your production department, and I hope to become part of your team. I will call you at the beginning of next week, or you may reach me during the afternoon by calling the number below.

Sincerely,

Juan Aguilar

2250 Collis Avenue
Huntington, WV 25702

26 enero de 1996

Sr. Frank Westerman
Jefe de Bomberos
Departamento de Bomberos del Distrito de Huntington
680 Temple Avenue
Huntington, WV 25702

Estimado Sr. Westerman:

Con mucho entusiasmo leí ayer en el <u>Herald-Dispatch</u> su anuncio de oportunidades para aprendices en el Departamento de Bomberos porque ha sido la ambición de toda la vida de algún día hacerme bombero. Adjunto le remito mi currículum vitae para tomarlo en consideración.

Mis actividades y los estudios que he cursado se centran en la salud, la condición física y los deportes. Me he mantenido en buena condición física que es de suma importancia para los aprendices. Además, he recibido entrenamiento avanzado en primeros auxilios y CPR.

Quisiera comunicarme con Ud. dentro de ocho días, cuando haya tenido la oportunidad de revisar mi currículum vitae, y fijar una cita para una entrevista. Estoy deseoso de seguir una carrera en la protección contra incendios así como su prevención.

Atentamente,

Patricio Burgos

2250 Collis Avenue
Huntington, WV 25702

January 26, 1996

Mr. Frank Westerman
Fire Chief
Huntington District Fire Department
680 Temple Avenue
Huntington, WV 25702

Dear Mr. Westerman:

With great enthusiasm I read your announcement in yesterday's
Herald-Dispatch regarding opportunities for firefighter trainees
because it has been my lifelong ambition to someday become a
firefighter. Enclosed is my résumé for your review.

My activities and coursework have centered on health and physical
fitness and sports. I am in excellent physical condition, which is
essential for trainees. I have also had advanced training in first aid
and CPR.

I would like to contact you within a week, after you have had the
opportunity to review my résumé, and set up an appointment for an
interview. I am eager to pursue a career in fire protection and
prevention.

Sincerely,

Patricio Burgos

TATIANA ALEJANDRA GUEVARA

17 Dinge Road
Terre Haute, IN 52211
317/555-1331
317/555-2339

21 agosto de 1996

Farallon, Inc.
787 E. Fourier Drive
Emeryville, California 96998
Atn.:   Robert Crain
        Director, Departamento de Personal

Estimado Sr. Crain:

Durante su visita a Rose-Holman University el mayo pasado, conversamos sobre las oportunidades para ingenieros eléctricos en su compañía. En aquel entonces, Ud. me indicó que habría puestos vacantes en ese campo en septiembre. Le escribo con el fin de solicitar una entrevista para uno de esos puestos.

En junio me gradué de Rose-Holman con una Licenciatura en Ciencias, en Ingeniería Eléctrica. Me encontré entre los quince estudiantes universitarios que se graduaron con honores en una clase de doscientos. Entre los cursos que tomé se encuentran diseño de circuitos de microondas, ondas electromagnéticas, circuitos integrados digitales, y sistemas y señales.

Así como espero empezar una carrera en ese campo, me confío en que tengo mucho que aportar a una compañía tal como Farallon.

Espero recibir noticias de Ud. en el mes venidero.

Atentamente,

Tatiana Alejandra Guevara

TATIANA ALEJANDRA GUEVARA

17 Dinge Road
Terre Haute, IN 52211
317/555-1331
317/555-2339

August 21, 1996

Farallon, Inc.
787 E. Fourier Drive
Emeryville, California 96998
Attn.: Robert Crain
         Director, Human Resources

Dear Mr. Crain:

During your visit to Rose-Holman University last May, we spoke about opportunities for electrical engineers within your company. At that time, you indicated that there would be openings in this field in September. I am writing to you to request an interview for one of those openings.

In June I graduated from Rose-Holman with a B.S. in Electrical Engineering. I was one of fifteen out of two hundred students who graduated with honors. Among the courses I completed are Microwave Circuit Design, Electromagnetic Waves, Digital Integrated Circuits, and Systems & Signals.

As I look forward to a career in this field, I am confident I would be able to contribute to a company like Farallon.

I hope to hear from you within the coming month.

Sincerely,

Tatiana Alejandra Guevara

18 de febrero de 1996

Richard Marx
Administrador
Westin Hotel
1131 6th St.
Seattle, Washington 98802

Estimado Sr. Marx:

Estoy buscando la oportunidad de iniciar una carrera en la industria hotelera, con deseos de superación. Le remito mi currículum vitae con la esperanza de que Ud. se encuentre con la necesidad de cubrir un puesto vacante.

Acabo de graduarme de la International School of Business en San Francisco, California, con un diploma en Administración de Hoteles. Mi experiencia abarca la administración de un negocio propio de ollas y sartenes, la administración de una joyería y mis experiencias de joven en servicios de turismo internacional. Estas experiencias me han preparado para emprender una carrera en la administración hotelera.

Espero que me considere una persona seria, trabajadora y capaz. Le agradecería que se comunique conmigo para fijar una entrevista. Gracias por su tiempo y por tomarme en consideración.

Sinceramente,

Tomás Flores
602 S. Texas Ave.
Oakland, California 99999
415/555-3168

February 18, 1996

Richard Marx
Manager
Westin Hotel
1131 6th St.
Seattle, Washington 98802

Dear Mr. Marx:

I am seeking an opportunity to begin a career in the hotel industry with the objective of advancement. I am forwarding my resume to you with the hope that you find yourself with the need to fill a vacant post.

Recently, I graduated from the International School of Business in San Francisco, CA, with a Certificate in Hotel Management. My experience covers management of my own cookware business, management of a retail jewelry store, and experience as a young man in international tourist services. These experiences have prepared me for a career in hotel management.

I feel you will find me a reliable, hardworking, and competent person. Please feel free to contact me regarding an interview. Thank you for your time and consideration.

Sincerely,

Tomás Flores
602 S. Texas Ave.
Oakland, California 99999
415/555-3168

21 de marzo de 1996

Corrine Bracken
Directora Ejecutiva
Design Engineering
20 West Tenth
Dallas, Texas 76443

Estimada Srta. Bracken:

En respuesta a su anuncio en el *Wall Street Journal* del 15 de marzo, le remito mi currículum vitae profesional y cartas de recomendación para el puesto de Vice-Presidenta de Ventas y Mercadeo.

Considero que los puestos de administración ejecutiva que he tenido con DaMark-Dolin America desde 1980 me han brindado la capacidad y experiencia que Ud. está buscando en un empleado de nivel ejecutivo en mercadeo. Debido a que DaMark-Dolin últimamente fue adquirido por la corporación InnaVail, he optado por buscar oportunidades y retos nuevos dentro de la esfera de administración corporativa.

Me he tomado la libertad de llamarla y fijar una cita con Ud. para hablar más detalladamente, enterarme de sus necesidades y determinar la forma en que pudiera contribuir de modo significativo al progreso y a la expansión futura de Design Engineering. Espero con gran interés nuestra reunión del 5 de abril.

Atentamente,

Eugenia Bergman

March 21, 1996

Corrine Bracken
Executive Director
Design Engineering
20 West Tenth
Dallas, Texas 76443

Dear Ms. Bracken:

In reply to your announcement in the *Wall Street Journal* on March 15, I am enclosing a professional resume and letters of recommendation for the position of Vice-President of Sales and Marketing.

I believe the executive management positions I've held with DaMark-Dolin America since 1980 have given me the capabilities and experience you are looking for in an upper level marketing executive. Because DaMark-Dolin recently was acquired by the InnaVail Corporation, I have chosen to seek new opportunities and challenges within the corporate management sphere.

I have taken the liberty of calling you to arrange for an appointment to speak with you in greater detail in order to learn more about your needs and determine the way in which I might contribute significantly to the future progress and growth of Design Engineering. I look forward to meeting with you on April 5.

Best regards,

Eugenia Bergman

Víctor Humberto Villazón
17644 Ventura Boulevard
Los Angeles, California 90024

8 de marzo de 1996

Departamento de Personal
Clear Laboratories
13 Aspen Drive
Trenton, New Jersey 06902

Estimado Señor/Señora:

Le escribo con la esperanza de que haya la posibilidad de un puesto vacante para un técnico de laboratorio médico. Si actualmente no hay ningún puesto vacante, le agradecería si me considerara como candidato para un puesto futuro.

Llevo casi diez años trabajando como técnico de laboratorio médico en California y deseo trasladarme a un sitio que no sufra de los caprichos repentinos de la naturaleza. Dos veces me he visto obligado a cambiar de hogar con sólo la ropa puesta debido a los terremotos y derrumbes de lodo.

Soy un individuo sincero y trabajador con capacidad de aprender rápidamente. Me gusta el trabajo estimulante y soy capaz de rendir bajo presión. Siempre he recibido el respeto de mis compañeros de trabajo y los supervisores me han elogiado en las evaluaciones de mi trabajo.

Le agradezco de antemano por tomar en consideración el currículum vitae adjunto a la carta. Con gran interés espero recibir noticias de Ud.

Atentamente,

Víctor Humberto Villazón
(213) 555-9876

Víctor Humberto Villazón
17644 Ventura Boulevard
Los Angeles, California 90024

March 8, 1996

Human Resources Department
Clear Laboratories
13 Aspen Drive
Trenton, New Jersey 06902

Dear Sir/Madam:

I am writing to you with the hope that you might have an opening in your laboratories for a medical laboratory technician. If there are no openings at this time, I would appreciate it if you would consider me as a candidate for an opening in the future.

I have worked as a medical laboratory technician in California for almost ten years, and I wish to move to a place that does not suffer from the sudden caprices of nature. Twice I have been forced to move with only the shirt on my back because of earthquakes and mudslides.

I am a sincere, hardworking individual with the ability to learn quickly. I enjoy challenging work and am capable of working under pressure. I have always received the respect of my coworkers, and my supervisors have always praised me during performance evaluations.

Thank you in advance for considering the enclosed resume. I look forward to hearing from you.

Sincerely,

Víctor Humberto Villazón
(213) 555-9876

2240 W. Yucca Street
Santa Fe, New Mexico 87538
20 de mayo de 1996

...onal
...ises, Inc.

...Iexico 87536

Estimado Director:

La maestra de contabilidad, la señorita Cheryl Cooper, nos informó hoy de varios puestos vacantes en las empresas de nuestra ciudad. El puesto de ventas con su compañía me llamó la atención. Quisiera solicitar empleo con su empresa y le adjunto mi currículum vitae para que Ud. lo tome en consideración.

En mis trabajos voluntarios y empleos anteriores, he gozado de la oportunidad de atender y ayudar al público. Además, mis estudios me han preparado para realizar el trabajo detallado que no sólo sirve para satisfacer las exigencias del público sino también para contribuir al éxito comercial de una empresa. Soy una persona responsable, dinámica y trabajadora. Considero que tengo mucho que ofrecer a la empresa.

Le agradezco el tiempo y la consideración que me pueda brindar. Me daría mucho gusto tener la oportunidad de reunirme con Ud. cuando le sea conveniente. Puede comunicarse conmigo después de las tres de la tarde al número 555-5121.

Atentamente,

Estrella Angelino

2240 W. Yucca Street
Santa Fe, New Mexico 87538
May 20, 1996

Personnel Director
Bellande Enterprises, Inc.
305 E. 102nd
Santa Fe, New Mexico 87536

Dear Director:

Today my accounting teacher, Miss Cheryl Cooper, informed the class about several job openings in businesses in our city. The sales position with your company got my immediate attention. I would like to apply for employment with your company and have enclosed my résumé for you to consider.

During my work as a volunteer and in a previous job, I have enjoyed the opportunity of serving and assisting the public. In addition, my studies have prepared me to undertake detailed work that not only serves to satisfy the public's demands, but also contributes to the business success of an enterprise. I am a responsible, active, and hardworking person. I believe I could be an asset to your company.

Thank you for your time and consideration. It would give me great pleasure to have the chance to meet with you at your convenience. I may be reached after three in the afternoons at 555-5121.

Sincerely,

Estrella Angelino

NTC SPANISH TEXTS AND MATERIALS

Computer Software
Basic Vocabulary Builder on Computer
Amigo: Vocabulary Software

Videocassette, Activity Book, and Instructor's Manual
VideoPasaporte Español

Graded Readers
Diálogos simpáticos
Cuentitos simpáticos
Cuentos simpáticos
Beginner's Spanish Reader
Easy Spanish Reader

Workbooks
Así escribimos
Ya escribimos
¡A escribir!
Composiciones ilustradas
Nueva gramática comunicativa
Spanish Verb Drills
Spanish Grammar in Review

Exploratory Language Books
Spanish for Beginners
Let's Learn Spanish Picture Dictionary
Spanish Picture Dictionary
Getting Started in Spanish
Just Enough Spanish

Conversation Books
¡Empecemos a charlar!
Basic Spanish Conversation
Conversando
Diálogos contemporáneos
Everyday Conversations in Spanish
Al corriente
Manual and Audiocassette
How to Pronounce Spanish Correctly

Text and Audiocassette Learning Packages
Just Listen 'n Learn Spanish
Just Listen 'n Learn Spanish Plus
Just Listen 'n Learn Business Spanish
Practice and Improve Your Spanish
Practice and Improve Your Spanish Plus
Destination Spanish

High-Interest Readers
Sr. Pepino Series
   La momia desaparece
   La casa embrujada
   El secuestro

Journeys to Adventure Series
   Un verano misterioso
   La herencia
   El ojo de agua
   El enredo
   El jaguar curioso

Humor in Spanish and English
Spanish`a la Cartoon

Puzzle and Word Game Books
Easy Spanish Crossword Puzzles
Easy Spanish Word Games & Puzzles
Easy Spanish Vocabulary Puzzles
Easy Spanish Word Power Games

Transparencies
Everyday Situations in Spanish

Black-line Masters
Spanish Verbs and Vocabulary Bingo Games
Spanish Crossword Puzzles
Spanish Word Games for Beginners
Spanish Culture Puzzles
Spanish Word Games
Spanish Vocabulary Puzzles
Creative Communicative Activities for the Spanish Class

Handbooks and Reference Books
Complete Handbook of Spanish Verbs
Spanish Verbs and Essentials of Grammar
Nice 'n Easy Spanish Grammar
Tratado de ortografía razonada
Redacte mejor comercialmente
Guide to Correspondence in Spanish
Guide to Spanish Idioms
Side by Side Spanish & English Grammar
Guide to Spanish Suffixes
Spanish Grammar in Review
¡Escriba con estilo!
BBC Phrase Book

Dictionaries
Vox Modern Spanish and English Dictionary
Vox New College Spanish and English Dictionary
Vox Compact Spanish and English Dictionary
Vox Everyday Spanish and English Dictionary
Vox Traveler's Spanish and English Dictionary
Vox Super-Mini Spanish and English Dictionary
Cervantes-Walls Spanish and English Dictionary

For further information or a current catalog, write:
National Textbook Company
a division of *NTC Publishing Group*
4255 West Touhy Avenue
Lincolnwood, Illinois 60646–1975 U.S.A.